Expedición Tahina-can

20 AÑOS DE AVENTURA PERIODÍSTICA

TEJEDOR & PÉREZ-TORNERO
(Dir. y ed.)

Primera edición: marzo de 2025

© Santiago Tejedor y José Manuel Pérez Tornero /
Gabinete de Comunicación y Educación, 2025

© Ediciones Carena, 2025

Ediciones Carena
c/ Ecuador 45, local 6. Les Corts
08029 Barcelona
T. 933 131 908
info@edicionescarena.com
WWW.EDICIONESCARENA.COM

Dirección y edición: Santiago Tejedor y José Manuel Pérez Tornero

Edición de la obra: Santiago Tejedor

Diseño de arte: Lucía Cornejo

Equipo de contenidos: Nataly Guerrero, Nastia Mas, Xavier Ortuño,
Marta Portalés y Santiago Tejedor

Documentación: Nastia Guerrero, Xavier Ortuño, Marta Portalés,
David Rull y Santiago Tejedor

Ilustraciones: Lucía Cornejo

Revisión de contenidos: Jesús Martínez, David Rull y Santiago Tejedor

Diseño de cubierta y maquetación: Sofía Cabrera

Imagen de portada: Isaac Rojas Durán

Coordinación y revisión: Kaicy Orellana

Depósito legal: B 5170-2025

ISBN: 979-13-87623-22-7

Nota: El contenido del apartado «Firmas» es responsabilidad de cada autor/a.

Impreso en España - Printed in Spain

Diego no conocía la mar.
El padre, Santiago Kovadloff,
le llevó a descubrirla.
Viajaron al Sur.
Ella, la mar, estaba más allá
de los altos médanos, esperando.
Cuando el niño y su padre alcanzaron
por fin aquellas cumbres de arena,
después de mucho caminar,
la mar estalló ante sus ojos.

Y fue tanta la inmensidad de la mar,
y tanto su fulgor,
que el niño quedó mudo de hermosura.
Y cuando por fin consiguió hablar,
temblando, tartamudeando, pidió a su padre:
«Ayúdame a mirar».

Eduardo Galeano, *El libro de los abrazos*

Ecuador
Mitad del Mundo

Colombia
Ciudad perdida

República Dominicana
Punta Cana

México
Chichen Itza

Cuba
La Habana

Perú
Machu Picchu

Chile
Fuerte de Niebla

Egipto
Pirámides de Guiza

Irán
Torre Azadi

Uzbekistán
Madraza Samarcanda

Tailandia
Demonio guardián

Marruecos
Curtidurías en Fez

Uganda
Parque Nacional
Elisabeth Queen

Etiopía
Etnia Hamer

La leyenda

Cuenta una antigua leyenda de la selva amazónica que, en un anochecer de cielo estrellado, Tahina-Can, la «estrella grande», bajó del firmamento para enseñar a la nación carajá el modo de plantar maíz, ananá, mandioca y otros muchos cultivos que desconocían.

De este modo, la «estrella grande» o «lucero vespertino» guio a este pueblo amazónico hacía un porvenir más próspero.

Partiendo de esta leyenda y recuperando el sentido de «guía» y «referencia» que Tahina-Can posee entre los pueblos del Amazonas, este proyecto recupera su nombre en homenaje a este mito y a los valores que representan los pueblos indígenas que actualmente pueblan la región amazónica.

ÍNDICE

El proyecto
Presentación

La Expedición Tahina-Can es una iniciativa del Gabinete de Comunicación y Educación[1] y el Máster en Periodismo de viajes de la Universitat Autònoma de Barcelona (UAB, España), que tiene como principal objetivo fomentar el interés de la comunidad universitaria por la cultura y las costumbres del país visitado. Se trata de un proyecto que nace con la intención de establecer unos lazos estrechos de cooperación entre los universitarios españoles y los estudiantes, instituciones y medios de comunicación de los países que visitar. En este sentido, los participantes conocen otras realidades socioculturales, presencian el funcionamiento de medios de comunicación, participan en el desarrollo de proyectos de cooperación, intercambian opiniones e inquietudes, etc.

Es una iniciativa de carácter anual que recorre cada verano uno o varios países del mundo, estudiando las particularidades del panorama cultural y mediático de cada uno de ellos. El proyecto pretende instaurar una nueva concepción de los «viajes» que, sin eliminar los aspectos propios de los itinerarios turísticos (ocio, entretenimiento, descanso, etc.), otorgue especial importancia al compromiso, la comprensión y el análisis hacia el país visitado.

A lo largo del viaje, los participantes siguen un programa académico (elaborado previamente con la asesoría de docentes, periodistas y profesionales del mundo de la comunicación del país de destino) que les permitirá extraer un mayor provecho del viaje realizado. Entre las actividades previstas, destacan: charlas y coloquios sobre aspectos ligados a la actualidad del país visitado, entrevistas con profesionales de los medios de comunicación, elaboración de reportajes u otro tipo de productos periodísticos, etc.

---

1   Ver: https://www.gabinetecomunicacionyeducacion.com/es

Los expedicionarios desarrollan sus trabajos divididos en equipos de trabajo de prensa (crónicas y reportajes), televisión, redes sociales, radio y fotografía. Los participantes reciben un diploma que acredita que han participado en el desarrollo del proyecto, especificando el tipo de trabajo realizado en el mismo. Una vez finalizado el viaje, se realiza una sesión de conclusiones que, en ocasiones, se acompaña de una exposición fotográfica y audiovisual, donde se exponen las fotografías y los videos más representativos realizados por los propios expedicionarios.

La Expedición se dirige a estudiantes universitarios de TODAS las universidades españolas. En resumen: expedicionarios con interés por conocer otras realidades socioculturales, presenciar el funcionamiento de medios de comunicación del país visitado, participar en el desarrollo de proyectos de cooperación, intercambiar opiniones e inquietudes y, sobre todo, embarcarse en una AVENTURA inolvidable. Ya han viajado con nosotros estudiantes de Comunicación, Medicina, Economía, Política, Biología, Ingeniería, Informática, Humanidades, Traducción e interpretación, Música, Pedagogía, Veterinaria, Química, Derecho, Relaciones laborales, Magisterio, Historia, Bellas artes, Filosofía, Filología...

El proyecto fue premiado en el 2006 por la Fundación Telefónica como el «mejor proyecto educativo» de España. Además, la Expedición ha sido objeto de artículos científicos, seminarios, conferencias y ponencias en congresos nacionales e internacionales.

Este libro, que se publica con motivo del 20 aniversario de la Expedición, compila una serie de reflexiones del equipo de dirección, así como de profesores, colaboradores, monitores y expedicionarios que participaron en diferentes ediciones de nuestro particular «viaje». Para consultar una muestra mayor de los trabajos elaborados, recomendamos al lector acceder al sitio web de Tahina-Can[2] donde

---

2   Ver: https://www.tahina-can.org/

los expedicionarios publican en el antes, el durante y el después de la «aventura», textos, fotografías y vídeos.

Con estas páginas hemos querido tributar un merecido homenaje a la Expedición Tahina-Can y sus 20 años de existencia. No es baladí: son ya dos décadas. Durante veinte años, hemos apostado por un proyecto educativo edificado desde una mejora del «aprender haciendo» (*learning by doing*). Sin duda, es importante el hacer (y con esa acción también deshacer, desaprender, reconstruir y repensar), pero este verbo necesita de una «piel» adicional. Para nosotros, es más completo y es más necesario aludir a un «aprender haciendo y viviendo». Por ello, apostamos, desde el inicio, por un viaje que se aproxima a lo cotidiano, a las personas, a las respuestas y, especialmente, a las preguntas. Creemos que vivir ha de ser algo parecido a esa sana combinación del que pregunta, hace y cuenta. Esto nos lleva al aprender. También, al desaprender. Y, siempre que sea posible, aplicarlo viajando (literal o metafóricamente).

Buen viaje. Y buen viento.

Entre Barcelona y Valencia, últimos días de diciembre 2024.

José Manuel Pérez Tornero & Santiago Tejedor
Dirección
Expedición Tahina-Can

Equipo docente
Mentores de la aventura

El sueño y la estrella

Santiago Tejedor

Catedrático de Periodismo de la UAB y periodista. Cofundador de Tahina-Can

¿Por qué un viaje para educar? La palabra viajar, que significa «hacer un trayecto», viene del latín vía. Esto es: «camino». Educar, de educere, alude al guiar. Entendimos, rápidamente, que eran dos acciones que incorporaban un gran potencial formativo. Y comprendimos, de inmediato, que teníamos que acercarnos a esas «herramientas» errantes. El viaje te interpela, te responde y –constantemente y eso nos encantó– te pregunta. Y un buen guía no solo te dice, te muestra y te explica, también te interroga, te invita a dudar, te empuja a hallar tu vocación (eres tú quien ha de hacerlo). Y hay más: la mirada.

La primera edición de nuestra Expedición, que recorrió en 2004 península de Yucatán (México), tuvo como subtítulo: «La otra mirada». Intentamos y, desde entonces ha sido un objetivo perenne, cultivar la acción del «ver más allá». Analizar, contextualizar y empatizar con el otro. Entender que somos iguales en las diferencias. Y que, por tanto, no hemos de viajar únicamente para curiosear sobre lo extraño, lo distinto y lo ajeno. El desafío es comprender que son más las cosas que nos unen que aquellas que nos separan. Apuntaba el sicólogo Marshall Rosenberg: «La empatía reside en la habilidad de estar presente sin opinión». En estos tiempos de redes y likes, no es fácil. Lo hemos intentado año a año. Y ya son dos décadas.

Inspirado en la Ruta Quetzal –una de las mejores experiencias que he podido vivir– y en su mentor Miguel de la Quadra-Salcedo, siendo yo un profesor 'demasiado' joven, le propuse a varios docentes impulsar una expedición de periodistas que viajaran por el mundo para contar lo visto y lo vivido. Algunos no supieron qué decir. Otros rieron. Varios dudaron. Muchos nunca respondieron. Pero, uno de ellos, José Manuel Pérez Tornero, me llamó un jueves por la tarde (lo recuerdo) y me dijo: «Santi, vamos a hacerlo». Y lo hicimos. Así nació la Expedición Tahina-Can. Han sido 20 años de impulsar un viaje iniciático que nos ha permitido recorrer el planeta con más de 500 estudiantes de diferentes universidades de España, y puntualmente, de América Latina.

Escribimos este libro para dejar una suerte de legado que se resume en reflexiones demasiado conocidas y poco ejercitadas en nuestro sistema educativo. El cerebro aprende cuando se emociona. La creatividad es un baluarte que hemos de explorar. El trabajo en equipo adquiere sentido en contextos reales. Contar historias es la medicina y el antídoto a muchas «enfermedades educativas». Y entonces comienzan las dudas... ¿Son emocionantes nuestras clases? ¿Excita, aviva o mueve el corazón o el alma la lectura tediosa de tediosos *PowerPoints*? ¿Al llegar el domingo por la tarde anhelan impacientes nuestros pupilos que empiece la semana lectiva? ¿Entristecen al conocer que una clase se suspendió? ¿Quedan afligidos cuando descubren que aquella lectura no entrará finalmente en el examen?

Quizás no me creas, pero en esta «aventura» educativa todos (también nosotros) despertamos cada amanecer apasionados, movidos y removidos. Ejercitamos el arte de conversar. También aprendemos y disfrutamos del silencio. Compartimos todas las emociones y aprendemos también de todas ellas: la alegría, la tristeza, la melancolía, la esperanza, el dolor, el sufrimiento... Aprovechamos cada segundo. Combatimos el cansancio con la ilusión. Leemos y miramos ávidos de saber más y más y más. El profesorado propone nuevos materiales de estudio. También, lo hacen nuestros expedicionarios. Sí, lo hacen: indagan, seleccionan, comparten. Estando todavía «allí», imaginamos nuevos viajes. Preguntamos.

Y nos hacemos preguntas. Nos colocamos en el lugar del otro. Y, muchas noches, alrededor del fuego de hogueras envueltas en briznas chispeantes, conversamos. Decimos y, por encima de todo, escuchamos (otro verbo mágico; otra acción en desuso). Luego nos retiramos, anhelando la jornada que ha de venir y las historias que nos traerá. Nos despedimos agradecidos. Y contamos los días para conocer el nuevo destino, la nueva aventura. Es así. Y quizás no me creas. No lo hagas. Busca y pregunta. Comprobarás que no exagero. Así es este sueño con nombre de estrella.

Nacimiento y mayoría de edad de Tahina-Can

José Manuel Pérez Tornero
Profesor emérito de la UAB & cofundador de la Expedición Tahina-Can

Eran otros tiempos, ni las expectativas del desastre económico global de las subprime podía atisbarse en el horizonte, ni una pandemia como la del COVID-19 podía siquiera imaginarse. El mundo parecía abierto y prometedor. Recuerdo la ocasión. Santiago Tejedor recordaba constantemente su experiencia como participante y como instructor en Ruta Quetzal, aquella aventura que De la Quadra-Salcedo había propuesto con tanto éxito para unir intelectual y afectivamente Iberoamérica.

«¿Podríamos hacer algo parecido?», me dijo paseando un día. Mi respuesta no se hizo esperar. ¡Claro que podríamos, pero deberíamos enfocarlo con un contenido específico, singular! Si estábamos en una facultad de periodismo, ¿por qué no hacer periodismo en ruta? Y ¿por qué no procurar que ese periodismo nos ayudara al entendimiento entre las personas de culturas distantes? O sea, él me habló de sus obsesiones: el viaje, la aventura y el periodismo. Y yo le hablé de las mías, el periodismo, el pensamiento crítico y el diálogo intercultural. El resultado fue una hibridación de objetivos y obsesiones.

Y así nació Tahina-Can, que empezó siendo un viaje de estudios de jóvenes periodistas produciendo audiovisuales y escribiendo periodismo en las condiciones precarias de un viaje por tierras, a veces inhóspitas. A esto añadimos, luego, un encuentro con jóvenes periodistas del lugar.

Aunque suene inmodesto, la aventura de Tahina-Can fue un éxito desde el primer día. Éxito, porque los estudiantes practicaban en pocos días más y mejor que en muchas asignaturas. Éxito, porque aprendían a comprender al otro. Éxito, porque Tahina-Can fue una fábrica de comunidad y de amistad desde el principio. Porque muchos de los periodistas que se han formado en Tahina-Can están entre los mejores de su especialidad en España y conservan (aunque sea en la memoria) su espíritu. Éxito, porque la aventura de viajar ayudaba a la adquisición de una disciplina que no se aprende en el terreno académico, pero que es muy necesaria en la profesión.

Desde su inicio y hasta hoy en día, Tahina-Can no ha perdido ni su espíritu inicial ni sus valores. Pese a saltos y cambios de continentes, patrocinadores, de sistemas de selección de participantes… Y en todos estos saltos y transformaciones, Tahina-Can ha ganado mucho y se ha hecho más valioso.

A partir de hoy en día, Tahina-Can seguirá luchando por algo que ya estaba en su origen, pero que se ha podido apenas desarrollar con tantas crisis, epidemias y conflictos geoestratégicos: ser un viaje y una aventura en la que participen estudiantes de Periodismo de todo el mundo y en el que el encuentro con el otro sea interno y externo a la vez. Seguro que esto se va a conseguir tarde o temprano. Los proyectos requieren tiempo y maduración. Tahina-Can ya es mayor de edad.

Un viaje de los de antes: una persona nueva

David Jiménez
Periodista e integrante del equipo de dirección de la Expedición Tahina-Can

Según viajamos a más sitios, más rápido, sumando más experiencias, la percepción puede ser que el mundo se está haciendo pequeño delante de nuestros ojos. En realidad, ocurre al revés. Nunca hemos estado mejor conectados y a la vez más aislados; o viajado más lejos, sin llegar al destino.

La idea era que, cuanta más gente viajara e interactuara con otros pueblos, mayor sería la tolerancia entre diferentes. Internet y la tecnología nos abrirían a otras formas de pensar, expandirían el conocimiento y harían redundantes los muros que separan las naciones. La democracia llegaría a rincones oscuros del planeta, abriéndose paso a través de la información y la verdad.

Aquella visión optimista que algunos compartimos se ha desmoronado. Las guerras de Ucrania y Gaza, junto a otras muchas olvidadas, muestran la dificultad para dejar atrás los peores instintos de nuestra especie. Internet ha polarizado nuestras mentes, devolviéndonos a las tribus, digitales y a menudo llenas de odio. Y los viajes, cada vez más estructurados y condescendientes con el destino elegido, lejos de abrir las mentes, parece haberlas achicado hasta reducirlas al postureo en redes sociales.

Quizá la solución esté en mirar atrás y recuperar la mejor esencia de la exploración, la curiosidad viajera y el descubrimiento. Volver a dedicar tiempo a los lugares que visitamos, en vez de ser llevados de un monumento a otro como un rebaño. Huir de los resorts con bufet «todo incluido» y sentarnos con los habitantes de una aldea para compartir comida y conversación alrededor de una fogata, una de las experiencias que vivimos en la aventura Tahina-Can a Etiopía, en septiembre del 2023.

Los cientos de jóvenes que se han sumado a las aventuras de Tahina-Can en sus veinte ediciones han podido sumergirse sin prejuicios ni límites en la fascinante aventura del viaje. No exagero si digo que para muchos ha sido una experiencia transformadora, de la misma manera en la que lo fueron para mí los primeros viajes que hice como corresponsal en los años 90. «Nunca vuelvo con la misma personalidad con la que partí», escribió Somerset Maugham, uno de los grandes viajeros del siglo XX. Nuestros expedicionarios tampoco.

El turismo masivo, la tecnología distractiva, la homogenización de los destinos… han hecho que el viaje pierda parte de su poder de cambiarnos. A menudo regresamos siendo la misma persona que partió, sin que los kilómetros recorridos o las experiencias vividas nos hayan hecho crecer. Los destinos se han ido adaptando a los gustos y las comodidades del viajero: en Pekín te reciben los mismos centros comerciales, bares y ambientes que dejaste en tu barrio de Madrid o Barcelona. Y cuando nos aventuramos fuera de las ciudades, el miedo al otro limita la interactuación. En vez de acercarnos, nos aleja de las gentes que fuimos a visitar.

Quizá ha llegado el momento de reaprender a viajar y hacerlo recuperando su esencia pasada, sin que eso suponga renunciar a las ventajas que la tecnología y la modernidad nos ofrece. Dejarnos llevar. Tomar el camino menos transitado. Volver a viajar como los grandes aventureros. Con el espíritu de Tahina-Can.

Aprender periodismo sobre el terreno

Lluís Pastor

Periodista, docente e integrante del equipo de dirección de la Expedición Tahina-Can

Para formar a miles de jóvenes las universidades decidieron que la mejor manera era imitar la realidad. Está en el ADN de la propia universidad y se exacerbó con los cambios introducidos por la universidad napoleónica. A diferencia de los talleres de artesanos, que incorporaban a los aprendices y los hacían observar el trabajo de los maestros, las universidades intentaron reproducir en sus aulas las funciones de los futuros abogados, médicos y teólogos (puesto que estas fueron las primeras carreras que se inventaron). El principio de la imitación, del simulacro, funcionó bastante bien mientras los grupos humanos que llegaban a la universidad eran pequeños y estaban extramotivados. Luego, con la revolución demográfica del siglo XX, esas universidades que imitaban lo que sucedía fuera en sus aulas atestadas de estudiantes se convirtieron en una máquina de conocimiento poco adaptada a la nueva realidad. Pero esa es la situación habitual en las más de treinta mil universidades que hay en el mundo.

En el sector de la educación superior hay centros que han entendido que tienen que hacer cambios. No son muchos. En el último estudio que hice sobre universidades e innovación (*¡Escucha, rector! Las universidades singulares crean nuevos modelos de aprendizaje*, Octaedro, 2023) eran apenas poco más de trescientas. Son universidades que tiene muy claro su modelo formativo y la experiencia que quieren que los estudiantes vivan, que tiene que ser exigente académicamente y apasionante personalmente. Estas universidades se agrupaban en siete familias, según el modelo que profundizaban. Había universidades de orientación geográfica global, universidades de eficiencia en tiempo y coste, universidades de aprendizaje en equipo, otras orientadas a la incorporación inmediata de nuevos conocimientos, universidades de frontera del conocimiento y, cómo no, universidades de élite (las que mejor desempeñan el modelo tradicional). Había un último tipo que me dejado para el final que es, precisamente, del que quiero hablar: el de las universidades orientadas al aprendizaje experiencial.

Las universidades de orientación a la experiencia no reproducen en las aulas los conocimientos y las prácticas que los estudiantes tienen que desarrollar, sino que provocan que estos estudiantes los vivan. Han sustituido el simulacro por la realidad, como recuperando un viejo sistema de aprendizaje que había funcionado y que la eficiencia fabril de las universidades orilló para siempre. Para resumirlo en un ejemplo es como decir que liderar se aprende liderando, no solo leyendo libros de liderazgo (aunque resulte conveniente leerlos para liderar). En España la Universidad de Mondragón y su grado Leinn (Liderazgo e Innovación) son un buen botón de muestra de lo que digo. Se trata de estudiantes de Empresariales cuyo propósito de aprendizaje es montar una empresa exitosa. En ese empeño van a resolver todos los conocimientos necesarios para alguien que estudia Empresariales y muchos más.

En la Universitat Autònoma de Barcelona, hay un proyecto que también responde a este modelo de aprendizaje experiencial. Se trata del proyecto Tahina-Can, del Gabinete de Comunicación y Educación del Departamento de Periodismo de la Facultad de Ciencias de la Comunicación. En este proyecto, los estudiantes de periodismo viajan durante 15 días a un destino lejano y poco conocido por ellos para empaparse informativamente y para explicarlo luego a su público. Los estudiantes se sumergen en ese país y viven en sus propias carnes cómo es su política, sus costumbres sociales, su cultura… Los profesores de Periodismo les acompañan y les orientan, les animan y les corrigen. Al final, los estudiantes hacen periodismo de verdad. Mejor dicho, aprenden a hacer periodismo de verdad, con sus ordenadores, sus cámaras. Entrevistan, se documentan, entienden… y explican.

El modelo experiencial de aprendizaje de Tahina-Can fascina a quienes participan, no solo porque aprenden mucho y rápido, sino porque viven lo que es la profesión de periodista en primera persona, sin simulacros. Y luego queda siempre esa frase que los estudiantes repiten al final de cada edición del proyecto Tahina-Can: «Aprendí en estos días más que en años de universidad tradicional».

Un proyecto que cambia vidas

Xavier Ortuño

Periodista, docente e integrante del equipo de dirección de la Expedición Tahina-Can

Tahina-Can ha sido, es y será algo que cuesta mucho de explicar si no lo has vivido. Es un viaje, sí, es un proyecto educativo, también, pero a lo que no se le puede poner una etiqueta es a esa sensación que recorre tu cuerpo cuando apareces en un aeropuerto, pones cara a personas con las que has estado hablando para preparar una aventura y solo tienes que dejarte ir para descubrir y aprender. El proyecto es un espacio libre, donde solo está cerrado el itinerario y los equipos de trabajo, pero lo que da forma y fuerza es el tejido entre docentes y alumnos que permite que se convierta en una máquina perfecta para contar viajes, historias y, sobre todo, dar sentido a lo que a veces cuesta de contar en un aula.

He tenido la suerte de participar como expedicionario, como monitor y como profesor. En todas las etapas he aprendido y sentido que ser parte del grupo es la única manera de sumar. Aprender a caminar mirando con los ojos bien abiertos, animar a un compañero, recibir el cariño alrededor de una hoguera… eso es lo que no se puede definir.

La expedición junta a gente que no ha salido de su ciudad con otros para los que viajar es su forma de vida. Poder recorrer el desierto del Karakalpakstan, navegar por el Nilo, conversar en la Universidad de La Habana o trepar para llegar a la cima del Cotopaxi une a todos en un sentir coral: Tahina-Can te cambia la vida.

Quizás esa sería la mejor definición para explicar la sensación, los vínculos que crea el grupo, el conocimiento con el que regresas, la pérdida del miedo a hacer una entrevista en medio de la selva amazónica o buscar contexto en un mercado indígena en Ecuador. Es una liberación que sirve tanto al que está en los albores de su carrera periodística como el que lleva años trabajando en un diario.

Tahina-Can tampoco se podría entender sin un nombre, sin la persona que entró un día por la puerta de la clase en la que había unas cien almas de 18 años y dijo: «¿Alguien se vendría a recorrer México?». Algunos locos seguimos ese día a Santiago Tejedor sin saber que luego el proyecto seguiría recorriendo también República Dominicana, Cuba, Ecuador, Chile, Perú... y que nos llevaría a formar una familia de pequeñas estrellas tahinas repartidas por todo el mundo.

En resumen, Tahina-Can deja personas en tu vida, lugares que no puedes olvidar y el sentimiento de que quizás todos necesitamos un viaje iniciático que nos quite prejuicios, que nos deje sentir parte de un grupo y que deje esa semilla dentro que nos diga que viajando por el mundo a veces es más fácil comprender lo que tenemos en casa.

Vivir y compartir: el viaje esencial

Lluís Pont
Aventurero y presidente honorífico de la Expedición Tahina-Can

Tahina-Can, organizado por el Gabinete de Comunicación y Educación y el Máster en Periodismo de Viajes de la UAB, es una experiencia transformadora que abre las puertas a una comprensión más profunda del mundo. En mi caso, tuve la fortuna de participar en la edición de Etiopía, aventura que marcó un antes y un después en mi vida. Aunque he viajado por el mundo en diversos formatos, este viaje me llenó por completo al permitirme compartir con otras almas en proceso de aprendizaje sensaciones y vivencias únicas.

Cada día en Etiopía me recordaba que la esencia del viaje se reduce a tres cosas fundamentales: vivir, compartir y ser feliz. Desde la primera luz del día, solía recordar al equipo cada mañana: hoy es un gran día, plantéatelo así. Esta simple filosofía nos permitió abordar cada experiencia con una mente abierta y un corazón dispuesto a absorber lo nuevo.

Etiopía, con su vibrante cultura y sus paisajes impresionantes, nos ofreció mucho más que postales para el recuerdo; nos brindó lecciones de vida. La calidez de su gente, su resiliencia y su capacidad para encontrar alegría en lo cotidiano nos enseñaron que la felicidad no reside en lo material, sino en las conexiones humanas y en la gratitud por cada momento vivido.

La Expedición Tahina-Can no solo fomenta el interés por las culturas y costumbres de otros países, sino que también nos invita a reflexionar sobre lo que realmente importa en la vida. En definitiva, esta experiencia es un recordatorio de que lo esencial en la vida se encuentra en la simplicidad de vivir con propósito, compartir con los demás y ser feliz en el camino.

Al cruzar el río Buritaca

David Rull
Docente e integrante del equipo de dirección de la Expedición Tahina-Can

Todo empezó con Tahina-Can Marruecos, en el 2012. Luego tuve el privilegio de formar parte de Tahina-Can Colombia, en el 2017; Egipto, en el 2021; Etiopía, en el 2023, y Uganda, en el 2024. Por el camino –en el tintero– quedaron experiencias por vivir como Nepal y Sri Lanka. En la mayoría de mis «aventuras tahinas» quiero pensar que he contribuido a contar y hacer más comprensible un continente que siento como mi propia casa y que he visitado, he explorado, he pensado y he contado mil veces: África.

Compartir todas esas «Áfricas» con las que he tejido mi propia vida ha sido siempre una experiencia emocionante y enriquecedora. Aparentemente, no había nada nuevo en esos viajes a lugares que ya conocía, pero al volver a todos ellos de la mano de Tahina-Can descubrí que África no era la misma si la miraba con otros ojos: esos ojos de curiosidad, sorpresa y entusiasmo de unos estudiantes que, en muchos casos, estaban realizando su primer gran viaje y, por sorpresa, descubrían un mundo tan atractivo como diverso.

Ahora bien, si ha habido una Tahina-Can especial esa ha sido la de la edición de Colombia. Tal vez porque hasta entonces no había cruzado nunca el Atlántico, tal vez porque allí la naturaleza del Parque Nacional de Tayrona nos desbordó, tal vez porque alcanzamos en la niebla la mítica Ciudad Perdida custodiada por los koguis, tal vez porque el hermano de Gabriel García Márquez nos acompañó por las calles de Cartagena de Indias con anécdotas de la infancia de Gabo. No sé si fue por un único motivo o si fueron todos a la vez, pero el año que viajamos a Colombia viví una de las experiencias más intensas en el marco de este proyecto educativo que cada año reúne a profesores y estudiantes en una aventura de aprendizaje única.

Impresas en la memoria quedaron un sinfín de imágenes imborrables: frondosos bosques tropicales, insectos de todos los tamaños y colores imaginables, los tesoros de El Dorado, largas caminatas bajo la lluvia, embarrados, coloridas ciudades coloniales, el intenso aroma del café... Pero de todas ellas me quedo con una: cuando para cruzar el río Buritaca nos dimos las manos y, todos juntos, creamos una cadena humana en la que éramos uno. La esencia de Tahina-Can, para mí, es esa: unirnos, ser uno, y crear así un puente para observar a los otros con curiosidad y respeto, asombro y pasión.

El viaje como aprendizaje del periodismo excelente

Cristina Pulido
Docente e integrante del equipo de dirección de la Expedición Tahina-Can

El vigésimo aniversario de la Expedición Tahina-Can marca un hito en su misión de enriquecer la formación de jóvenes periodistas a través del encuentro con culturas distintas. Desde su inicio, esta expedición ha ofrecido a estudiantes de periodismo una oportunidad única para vivir el oficio sobre el terreno, acercándose a realidades ajenas a las que pocas veces pueden acceder en el aula. Tahina-Can es mucho más que un viaje; es un proyecto formativo que introduce a las y a los futuros periodistas en un contexto que les permite observar, analizar y reportar con una visión más profunda y empática.

La Expedición Tahina-Can, en su vigésimo aniversario, representa un modelo de aprendizaje experiencial que se alinea profundamente con los Objetivos de Desarrollo Sostenible de la ONU, particularmente con la educación de calidad (ODS 4), el bienestar (ODS 3) y la paz (ODS 16). A través de su programa de inmersión cultural, Tahina-Can permite a los estudiantes de Periodismo desarrollar habilidades críticas y prácticas en contextos reales, promoviendo una educación de calidad que trasciende las aulas y fomenta una comprensión global y diversa. Este enfoque contribuye al bienestar de los participantes al ofrecerles una experiencia enriquecedora que no solo potencia su formación profesional, sino que también cultiva su crecimiento personal y su empatía hacia otras realidades. Además, el contacto directo con culturas distintas fortalece el entendimiento y el respeto intercultural, valores que son esenciales para la construcción de sociedades pacíficas y cohesionadas. En cada expedición, los estudiantes tienen la oportunidad de aprender a contar historias desde una perspectiva inclusiva y consciente, contribuyendo así a una visión de periodismo que promueve la paz, la justicia y el respeto hacia todas las culturas.

Así es como la Expedición Tahina-Can se convierte en un verdadero «hacer camino al andar», como expresaba Antonio Machado, donde cada paso lleva a las y a los jóvenes periodistas por senderos de aprendizaje que solo se revelan al enfrentarse a realidades nuevas. Siguiendo la visión de Rabindranath Tagore, estos jóvenes, al cruzar fronteras culturales, se convierten en «pájaros en vuelo» que buscan la sabiduría en cada rincón del mundo, llevándose consigo la esencia de cada lugar, como un grano que germina y los transforma. Como en los versos de Rosalía de Castro, quienes participan en esta expedición logran «ver pasar las sombras de un mundo desconocido», adentrándose en las vidas y perspectivas de otros con respeto y sensibilidad, entendiendo que cada cultura es un reflejo de nuestra humanidad compartida. Así, la expedición se convierte en un viaje poético donde cada experiencia y cada historia es un paso hacia un periodismo empático y una comprensión más amplia del mundo.

Imagen y miradas:
«Nosotros» incluye la palabra «otros»

Marta Portalés Oliva
Docente y responsable de talleres educativos de la Expedición Tahina-Can

No es el destino del viaje lo que nos transforma, sino el camino que recorremos para llegar a él. Miguel de la Quadra-Salcedo nos legó una brújula infalible: «La mayor y más emocionante expedición que podemos realizar es adentro de uno mismo». Pero esta travesía interior, paradójicamente, comienza cuando nos aventuramos afuera. Cuando nuestros ojos se encuentran con la mirada del otro, cuando rozamos culturas ajenas, cuando nuestros pies pisan tierras nuevas e inexploradas…, es entonces cuando el verdadero viaje comienza.

La cámara, fiel compañera de aventuras, en Tahina-Can se convierte en una herramienta de exploración. A través de su lente, capturamos fragmentos de realidad que desafían nuestras percepciones y creencias. Aprendemos a mirar a los ojos, a las personas, rostros que cuentan historias sin palabra. Aprendemos a mirar, realmente mirar, más allá de lo superficial. A seleccionar, enfocar, encuadrar para desarrollar cómo a través de la imagen conocemos al otro. Y a cuestionarnos nuestras miradas, también debatimos aquellas que pertenecen al periodismo y los medios de comunicación.

En los talleres de Tahina-Can, la videocámara no es solo un dispositivo; es un puente entre mundos. Un salvoconducto que nos permite adentrarnos en lo desconocido, un instrumento capaz de cambiar conciencias. Desde Uzbekistán hasta Uganda, hemos tejido una red de experiencias que trasciende fronteras y prejuicios.

Como dijo el fotógrafo Henri Cartier-Bresson: «Para mí, la cámara es un cuaderno de bocetos, un instrumento de intuición y espontaneidad». Y es precisamente esa espontaneidad la que nos permite conectar con el otro, descubrir su esencia y, en última instancia, redescubrirnos a nosotros mismos.

En Tahina-Can, «nosotros» es una palabra que se expande, que abraza al otro y lo incluye en nuestra narrativa. Nuestras imágenes son testigos silenciosos de esta fusión, de este diálogo entre culturas. Porque, en el fondo, todos somos viajeros en este vasto universo, buscando conexiones, buscando entendimiento, buscándonos a nosotros mismos en los ojos del otro.

Así, con cada clic de la cámara, con cada historia capturada, nos acercamos un poco más a esa gran verdad: que la humanidad, en toda su diversidad, es una sola. Pues en Tahina-Can... «nosotros» incluye la palabra «otros».

El origen de todo lo que vino después

Lucía Pérez
Periodista, monitora y expedicionaria de la Expedición Tahina-Can

Tenía 20 años y me preparaba para cruzar el océano Atlántico por primera vez. Nervios y emoción. Preparé una maleta grande. Pantalones, camisetas, bañador, linterna, antimosquitos, medicinas, mapas, libro, crema solar, gafas de sol, más camisetas, más pantalones, ilusión, 35 kg. Con el tiempo mis maletas se hicieron más pequeñas, más livianas. Quité los *por si acaso*. Pero por aquel entonces aún lo metía todo. Por si acaso.

Nos habían seleccionado entre varios estudiantes de Periodismo para iniciar un proyecto educativo, Tahina-Can, en el que los alumnos iban a aprender el periodismo de otra manera. Más allá del edificio de la universidad, fuera de las aulas, en otro país, en la calle, en otras calles, grabando, apuntando, mirando mucho, otra ciudad, cerca de la gente, en México. Todo diferente.

Cincuenta y siete alumnos de la universidad nos juntamos en el aeropuerto un día de septiembre para atravesar medio mundo hasta América Latina. Yo sentía un escozor en el estómago que me subía hasta la garganta, me llegaba a la boca y solo quería gritar de excitación.

Los primeros días contuve el entusiasmo por vergüenza. Luego todos nos abrazábamos, cantábamos, compartíamos todo, reíamos, llorábamos. En poco tiempo, una pequeña familia. Aún dura.

En el *bus* que nos llevaba por la península del Yucatán, nos pegábamos a los cristales para no perder detalle. Coches, edificios, mucho verde, tiendas ambulantes, perros, muchos niños. Todo distinto, nuevo. En la Universidad del Mayab de Mérida nos acercamos a los estudiantes, a sus aulas. Grabábamos, preguntábamos, escribíamos. Eran amables, respetuosos, cercanos.

Era el 2004, no había *smartphones* ni *selfies*. Todo con cámaras de foto compactas o de vídeo de aquel entonces. Dos ordenadores para todos. Luego en el hotel nos apañábamos por turnos. Ahora los de tele, luego los de foto y prensa. Hasta las tantas trabajando. No nos importaba. Estábamos extasiados aprendiendo y queríamos enseñar lo que hacíamos.

Las pirámides de Chichén-Itzá nos quitaron el habla. Entonces todavía estaba permitido subir y contemplar la inmensidad desde arriba. Majestuoso, imponente. También los olores y la comida eran diferentes. Todo nuevo. Picante. Un compañero se compró una golosina de chile verde y le salió una llaga en la encía que le duró todo el viaje.

Recorrimos playas kilométricas de arena blanca. El agua era tan transparente que costaba saber dónde empezaba el agua y dónde la playa. Iguanas. Palmeras. Cocos.

Durante varios días nos alejamos de la urbe. Más verde, más caos, más pobreza. Visitamos una escuela en mitad de una aldea. Casas de ladrillo gris, uralita, ventanas sin ventana, cocinas en el suelo, escasez. Miseria. Muchos niños. A mí me dio un vuelco el alma y el corazón se me encogió tanto que tardó varios días en recuperar su forma. Al regresar al *bus* lloré a escondidas. Nunca había estado tan cerca de familias que vivían sin televisión, sin coche, sin lápices, sin ordenador, sin zapatos, sin ropa. Vivían con nada.

El *bus* a la vuelta iba en silencio. Todos sentíamos estupor y aflicción. Conocer esa otra realidad nos dio una punzada en el estómago tan grande que los trabajos nos salieron de las entrañas. Hicimos las mejores fotografías, los mejores artículos, los mejores vídeos. Nos entregamos en cuerpo, pasión y periodismo. Lo que habíamos visto siempre por la televisión nos explotaba directamente en la cara y ahora lo captábamos nosotros para mostrárselo al mundo.

Me enganché.

Al año siguiente más Tahina-Can: Ecuador, Cuba, luego República Dominicana, Marruecos, Tailandia, Irán.

Con el tiempo aprendí a viajar sola.

Ahora soy periodista y viajo contando lo que veo.

Ahora mis maletas son más pequeñas, pero mi visión del mundo es mucho más amplia.

Tahina-Can fue el germen de todo.

Serendipia

Mireia Sanz
Periodista, monitora y expedicionaria de la Expedición Tahina-Can

Nueve letras que cambian tu ser. **T** de tormenta (de emociones, vivencias y retos). **A** de aventura (la de conocer otro mundo diferente). **H** de historias (centenares de vidas contadas de primera mano). **I** de intensidad (con la que vives cada minuto que formas parte del viaje). **N** de necesidad (la que se genera cuando vuelves de la experiencia y quieres más y más). **A** de andadura (por los senderos físicos y mentales del viaje). **C** de cooperación (ese pequeño gesto que te acerca a la otra persona). **A** de amistad (las que se hilan en el viaje y sobreviven durante los años). **N** de naturaleza (la que descubres en rincones que no sabías ni que existían). Todo esto y mucho más es Tahina-Can.

Era septiembre del 2023 cuando, en la primera charla de primero de Periodismo de la UAB, Santiago Tejedor nos lanzó la propuesta: un viaje a México con estudiantes de todas las universidades españolas y de cualquier disciplina. El objetivo parecía simple: viajar por el mundo, conocer países, hablar con su gente, escuchar sus historias... y hacer periodismo. Al día siguiente, mi nombre ya estaba en la lista de pasajeros. Y desde entonces, fueron diez expediciones. Porque, de pronto, te das cuenta de que ese «simple objetivo» tenía mucho más escondido. Te das cuenta de que embarcarte en Tahina-Can no es solo experimentar un viaje físico. Es viajar al interior de uno mismo para romper estereotipos, para perder el miedo (a lo propio y a lo ajeno), para salir de tu zona de confort, para conocer otras realidades, para mirar tu mundo de forma diferente.

Embarcarte en Tahina-Can es alimentar, de forma abusiva casi, tu curiosidad. Tu necesidad de seguir aprendiendo del otro, de seguir descubriendo historias, de sentarte alrededor de un fuego para conocer las tradiciones más ancestrales. Y participar de ellas, y compartir un buen plato de comida, y danzar al son de la música folclórica.

Embarcarte en Tahina-Can es una serendipia. Es encontrar algo de valor incalculable cuando pensabas que solo buscabas salir de tu rutina y conocer un nuevo destino. Es descubrir que el mundo está lleno de historias, de personas increíbles que no aparecen en los mapas, y que la verdadera riqueza no está en lo que vemos, sino en lo que nos atrevemos a sentir.

¡Larga vida a Tahina-Can!

Sinergia

Jordi Gascón
Médico de la Expedición Tahina-Can

Sinergia es conseguir que algo sea mayor y mejor que la suma de sus partes. Tahina-Can es sinérgica. La conozco desde hace poco, pero lo suficiente. No es una expedición, no es un viaje y ya está... Es Tahina-Can. Una manera de vivir, una cultura que pretende enseñar sobre el hecho de viajar, sobre el sitio al que se va, sobre el esfuerzo académico, sobre el valor de la solidaridad y generosidad, sobre el respeto a la persona a la que se visita y su casa y sobre el valor relativo de las cosas y los hechos...

En Tahina-Can no solo construye el viaje quien lo piensa y lo diseña, que sí, por supuesto, pero una vez se da la salida, todos contribuyen con un sinfín de experiencias que generan algo más.

En Tahina-Can he sido aceptado como uno más y he sido respetado y elogiado con una concesión de voz, de voto y de responsabilidad. Además, he sido introducido en el grupo para participar de él y con él. Tahina-Can me ha permitido conocer más y mejor por llegar a un nivel de profundidad de conocimiento como nunca en un viaje. Es lo que tiene viajar con gente que te habla de lo que sabe y vive, que te cuenta historias de corresponsalías o la evolución humana como quien resumen una película, que te explica con una sencillez y modestia pasmosas qué ha hecho para mejorar el mundo o que confiesa cómo se enamoró de África, de tal manera que entregó su vida con cuerpo y alma a esta tierra y sus gentes.

Además, en Tahina-Can me he sentido libre de una manera nueva y he fortalecido mi unión con amigos previos... ¿Sabéis aquella complicidad de entenderse con miradas o gestos sin más? Pues eso.

¿A quién no le puede seducir este fenómeno que junta muchas de las cosas buenas de la vida? Viajar, conocer a fondo, descubrir, relacionarse con amigos, hacerlos nuevos y, en mi caso, mi trabajo, una de mis pasiones en la vida: la de ayudar a quien se encuentra mal. Un trabajo en el que tenemos claro que significa una «cascada de amplificación»…

En Tahina-Can me habéis hecho una, muy intensa, con mis sentidos y sentimientos. Eso: sinergia.

El viaje que nos transforma

Eli Pont
Emprendedora, experta en turismo y colaboradora de la Expedición Tahina-Can

La Expedición Tahina-Can es mucho más que un viaje académico; es una inmersión profunda en la esencia de lo desconocido, un puente que conecta a la comunidad universitaria con culturas que, de otro modo, podrían permanecer como simples nombres en un libro. Tuve la suerte de participar en la edición de Marruecos desde el punto de vista organizativo, y, más tarde, en la de Tailandia. En ambas experiencias, descubrí que el verdadero valor de un viaje no reside solo en los destinos, sino en las vivencias compartidas y en los lazos que se tejen entre quienes los recorremos.

En Marruecos, la diversidad cultural se manifestó en cada conversación con la gente local y en cada rincón explorado. La hospitalidad marroquí, con su calidez y generosidad, nos enseñó a mirar más allá de nuestras fronteras. Fue un aprendizaje vivencial para todo el grupo sobre el respeto y la comprensión, lecciones que no se encuentran en ningún manual.

Posteriormente, en Tailandia, reviví la esencia tahina, que una vez entra en tu interior ya se queda para siempre. La convivencia con la comunidad local, sus rituales y sus sonrisas sinceras, nos recordaron la universalidad de la alegría y la importancia de apreciar la belleza en la sencillez. Esos días en los que la vida se reducía a lo esencial, nos enseñaron a valorar lo verdaderamente importante.

La Expedición Tahina-Can debería ser una asignatura obligatoria, pues ofrece a los estudiantes una oportunidad única para entender el mundo, a las personas y a la vida desde una perspectiva auténtica y sin filtros. Es un viaje que trasciende lo académico para adentrarse en lo humano, dejando una huella imborrable en cada uno de sus participantes.

Es, sin duda, la mejor manera de aprender: viajando, viviendo y transformándonos en el proceso.

La oralidad tahina

Ricardo López Si
Periodista, monitor y expedicionario de la Expedición Tahina-Can

Somos memoria. Poesía colectiva. Palabras aladas. Aedos en perpetua añoranza. Hazañas que merecen ser escuchadas. Saber popular heredado. Un acto de fe. Batallas libradas. Palabras, palabras, palabras.

Somos formas habladas. Confidencias que pudieron ser otra cosa. Epítetos. Susurros y arengas. Plegarias y sortilegios. Posibilidades infinitas. Historias y gestas fabuladas. Rasgos primitivos. Ecos inmateriales. Juglares en extinción.

Trazo esta ruta para hacerle frente al olvido y la desmemoria. Porque encarnamos historias. Sonidos corales. Recuerdos y evocaciones. La palabra rebelde que no claudica. Que palpita. Que vibra. Que sacraliza. Que nombra.

Escucho para entender. Escucho para ver. Escucho para ser. Escuchar y escuchar. Abandonarse al sonido. A los ruidos y los silencios. A las risas y los lamentos. A los murmullos y alaridos. Me refugio en la música del viento. En su silbar. En su andar. En su promesa de posteridad.

Permanezco invisible. Silente y contenido. Resignado a ser un forastero. Un portavoz. Todo me parece ajeno. Ininteligible. Me atrae y me repele. Me abraza y me condena. Me envuelve y me aleja.

Viajar es sanar. Lamerse las heridas. Formar parte de una puesta en escena delirante. Cautiva. Suspendida en el tiempo. Sin jerarquías. Codo con codo. Formar un solo coro. Porque aquí, entre viajeros, la eternidad se puede tocar.

Aquí, entre viajeros, la eternidad es una ciudadela de adobe.
Aquí, entre viajeros, la eternidad es una mezquita de colores neón.
Aquí, entre viajeros, la eternidad es un contenedor de secretos.
Aquí, entre viajeros, la eternidad es una meseta infinita.
Aquí, entre viajeros, la eternidad son las ruinas de un complejo palacial.

Aquí, entre viajeros, la eternidad es la mitad del mundo conocido.
Aquí, entre viajeros, la eternidad es el vientre de una gran pirámide.
Aquí, entre viajeros, la eternidad es un ritual iniciático.
Aquí, entre viajeros, la eternidad es una fractura geológica.
Aquí, entre viajeros, la eternidad es una tribu ancestral.

Aquí, entre viajeros, la eternidad es una choza de bambú.
Aquí, entre viajeros, la eternidad es una ofrenda guerrera.
Aquí, entre viajeros, la eternidad es la fuente de un gran río.
Aquí, entre viajeros, la eternidad es una sabana tropical.
Aquí, entre viajeros, la eternidad es una montaña lunar.

Larga vida a Tahina-Can.

Las tribus, las vidas

Lidia Jiménez
Periodistas, docente y responsable de talleres de la Expedición Tahina-Can

«Darlo todo por perdido. / Allí comienza lo abierto. //
Entonces cualquier paso / puede ser el primero.
O cualquier gesto logra / sumar todos los gestos.»

Poesía Vertical.
Roberto Juarroz

Septiembre del 2023. Primer viaje con la expedición Tahina-Can. Barcelona, Estambul, Addis Abeba. Tras 16 horas de transportes, una brisa de aire nos tocaba la cara en Etiopía. En aquel momento, sin calentamiento previo, comenzaba la tormenta de emociones que nos iba a atravesar, en una sola semana, para el resto de nuestra vida.

En aquel país multicolor, con más de ochenta etnias, origen de la humanidad, donde se come moringa y se toma el café fortísimo, el autobús-hogar donde pasaríamos decenas de horas al día puso rumbo al Sur, por el valle del Rift, a orillas del río Omo. Pero el viaje venía repleto de otros viajes. A veces ocurre. Ese es el milagro.

A un niño de la tribu dorze le pregunté cuál era la suya de todas esas cabañas, de caña de bambú y barro, inestables, salpicadas por aquella tierra seca y ocre. El niño alzó sus ojos, sonrío, y señaló el poblado al completo. «Mi casa es todas», me tradujeron. En esa sonrisa de luz palidecían, de golpe, las comodidades de otros mundos.

Con la tribu hamer pudimos asistir al Ukuli Bula. Un adolescente salta un montón de vacas, de una en una, sin caerse entre ellas, en una ceremonia intensa de arte, música y tradiciones ancestrales, para demostrar que ya es adulto y puede casarse, formar una familia. La tribu konso ofrecía, por su parte, su propia forma de comprobar si alguien es fuerte: tiraban lo más lejos posible una piedra gigante de doscientos kilos.

En nuestro autobús de periodismo itinerante, antes de llegar a Awasa, pasamos por un chamizo oscuro donde «fabricaban» zapatos a partir de ruedas de neumáticos usadas. Visitamos una pequeña escuela de la tribu dassenech. No tenían nada, pero nos daban la mano, nos preguntaban, abrían los ojos al infinito con muchas ganas de aprenderlo todo.

Después plantamos un árbol, vimos cocodrilos, hipopótamos. Bailamos con los etíopes sus propios bailes; nos dimos comida, unos a otros, con las manos, como es costumbre allí. Contemplamos hogueras gigantes, abrasadoras, borrachos de alegría y de eso que las tribus nos ofrecían en sus cuencos sucios de tierra.

Mientras el paisaje se transformaba por fuera, algo nos picó por dentro. Y, a veces, el que vuelve a casa (sea lo que sea lo que «casa» signifique), ya no es quien era. El autobús cruzaba el país, pero, con el traqueteo de las ruedas, los bostezos de los compañeros recién despertados, las explicaciones del guía-conductor, las bromas, las canciones, las risas... emprendíamos otro viaje no menos repleto de baches.

El abismo que va de tener a no tener. Y donde menos lo esperas, surge la vida.

Todos vemos lo mismo, pero con prismáticos distintos

Rafa Martín
Experto en turismo y colaborador de la Expedición Tahina-Can

Viajar es una percepción. Una irrealidad. Maravillosa y decepcionante a partes iguales. Todo depende, por suerte, de los prismáticos que utilicemos. El estado de ánimo, experiencias pretéritas, anhelos y la capacidad de adaptación ante lo vivido en el viaje marca el mismo. Un león devorando una gacela bajo la sombra de una acacia puede ser, al mismo tiempo, una escena de ensueño o una pesadilla.

De la misma manera, una noche bajo las estrellas al calor de un fuego en un poblado masái puede hacer sentirnos con plena energía como el explorador Burton, o bien vivirlo aterrados ante la (presunta) llegada de leones devoradores. Depende. De qué depende.

Sin ánimo de aleccionar a nadie, en el viaje (como en la vida misma), hay que aprender a surfear. A vivir con intensidad. A mirar con los prismáticos más benévolos y a dejarse enseñar. Como lo hace la familia de Tahina-Can desde hace dos décadas. Sus particulares prismáticos poliédricos nos muestran un viaje por el mundo. El suyo. Sigamos aprendiendo de ellos.

Ediciones
Nuestra vuelta al mundo

UGANDA

La fuerza de la naturaleza

2024

4 Parque Nacional
de Murchinson Falls

Granos de café

Chimpancé

3 Masindi

2 Ziwa

5 Hoima

6 Fort Portal

1 Entebee

7 Parque Nacional
de Queen Elizabeth

8 Mbarara

Murchison Falls

Uganda

La fuerza de la naturaleza

Año: 2024

Síntesis: Uganda, conocida como La Perla de África por la expresión de Winston Churchill, se encuentra en la región de los Grandes Lagos y comparte frontera con Sudán del Sur, Kenia, Ruanda, Tanzania y la República Democrática del Congo. La República de Uganda alberga, entre otras maravillas, las legendarias fuentes del Nilo Blanco, que tienen su origen en el lago Victoria. La Expedición Tahina-Can explora este país, desde el norte, siguiendo el curso del Nilo. Se visitan parques nacionales, la reserva de Ziwa –para avistar el majestuoso rinoceronte blanco– y la Garganta de Kyambura –que alberga una población de chimpancés–. Un viaje al corazón del continente africano y a la esencia misma de África.

Itinerario: Barcelona – Entebbe – Ziwa – Masindi – Parque Nacional de Murchison Falls – Hoima – Fort Portal – Parque Nacional de Queen Elizabeth – Queen Elisabeth – Mbarara – Entebbe – Barcelona.

* * *

«La felicidad requiere algo que hacer; algo que amar; y algo que esperar»

Proverbio africano

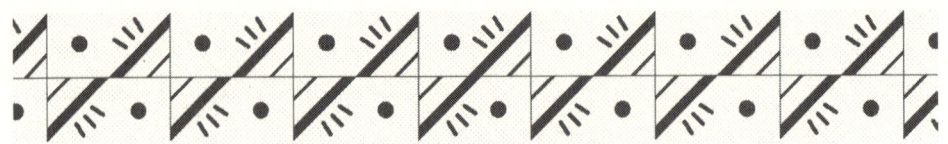

✳ ETIOPÍA

A orillas del río Omo. Viaje a los pueblos del Sur

2023

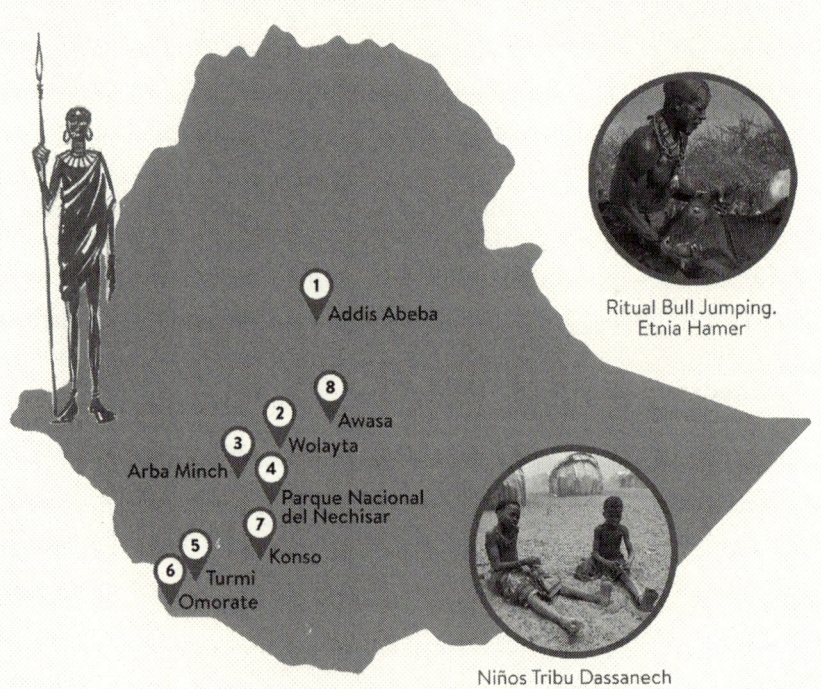

1 Addis Abeba

8 Awasa

2 Wolayta

3 Arba Minch

4 Parque Nacional del Nechisar

7 Konso

5 Turmi

6 Omorate

Ritual Bull Jumping.
Etnia Hamer

Niños Tribu Dassanech

Etiopía

A orillas del río Omo. Viaje a los pueblos del Sur

Año: 2023

Síntesis: Ubicada en el denominado Cuerno de África, la República Democrática Federal de Etiopía es el segundo país más poblado del continente y el único que se salvó de la colonización europea, lo que le ha permitido conservar su cultura y sus tradiciones casi intactas. Cuenta con una variedad infinita de paisajes, multitud de etnias, rituales animistas, cristianismo originario, zonas arqueológicas de inmenso valor para la historia de la humanidad… La Expedición Tahina-Can partió rumbo a Etiopía en un viaje único a las orillas del río Omo; el origen de la humanidad, la puerta de entrada del cristianismo en el continente africano y un ejemplo de variedad cultural y religiosa. La experiencia se adentró en etnias como los mursi, los hamer, los konso y los dassanech. La ruta dio paso a una inmersión a uno de los lugares de mayor riqueza antropológica del mundo. Como siempre: fuimos para mirar, escuchar y contar. Buscamos historias. Contamos vidas.

Itinerario: Barcelona – Addis Abeba – Wolayta – Dorze – Arba Minch – Parque Nacional del Nechisar – Turmi – Omorate – Turmi – Konso – Arba Minch – Awasa – Addis Abeba – Barcelona.

* * *

«Las huellas de las personas que caminaron juntas nunca se borran»

Proverbio africano

EGIPTO

Tras los pasos de Heródoto

2022

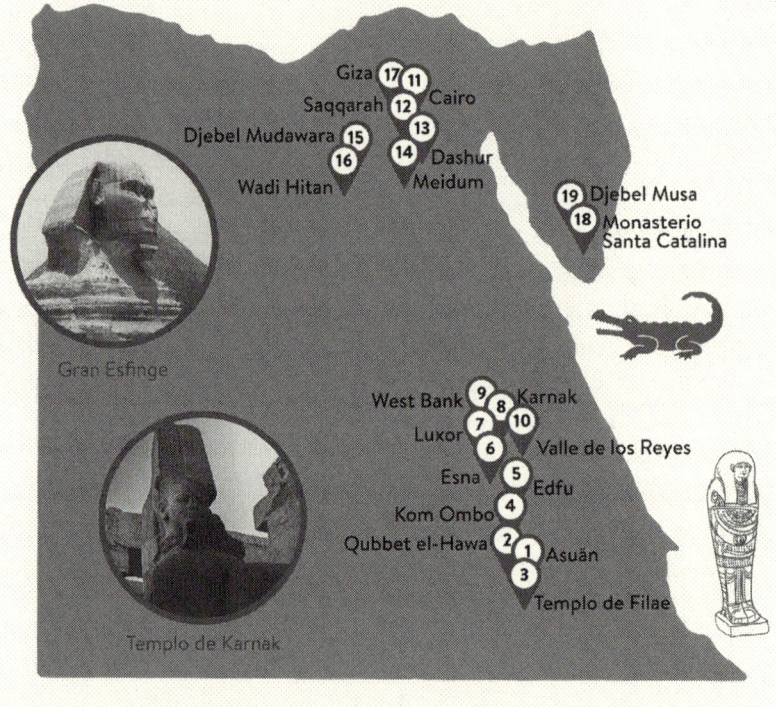

Giza 17 11 Cairo
Saqqarah 12
13
Djebel Mudawara 15 14 Dashur
16 Meidum
Wadi Hitan

19 Djebel Musa
18 Monasterio
Santa Catalina

Gran Esfinge

West Bank 9 8 Karnak
7 10
Luxor 6
Valle de los Reyes
Esna 5 Edfu
Kom Ombo 4
Qubbet el-Hawa 2 1 Asuán
3
Templo de Filae

Templo de Karnak

Egipto

Tras los pasos de Heródoto

Año: 2021

Síntesis: La Expedición Tahina-Can partió rumbo a Egipto en una aventura plagada de historia, arqueología, mitos, leyendas y el desafío de buscar y contar buenas historias. El proyecto recorrió por tierra y surcando las aguas del río Nilo diferentes enclaves de una importancia decisiva en una región del mundo marcada por el legado de los faraones. Buscaron, no obstante, el legado de Heródoto de Halicarnaso, considerado por muchos el padre de la historia y también del periodismo. La Expedición, mediante un *trekking*, alcanzó la cima de Djebel Musa, montaña sagrada para las tres religiones monoteístas.

Itinerario: Barcelona – El Cairo – Asuán – Qubbet el-Hawa – Lago Nasser – El Templo de Filae - Navegación Asuán-Kom Ombo-Edfu – Navegación Edfu-Esna-Luxor – Los Templos Karnak y Luxor – Luxor: el West Bank y el Valle de los Reyes – El Cairo – Saqqara – El Cario Faitmí – Meidum – Dashur – Djebel Mudawara – Wadi Eayan – Wadi al-Hitan – El Cairo – Península del Sinaí – Monastero de Santa Caterina – Djebel Musa – El Cairo – Barcelona.

* * *

«El único bien es el conocimiento; el único mal es la ignorancia»

Heródoto

IRÁN

Encuentro de naciones - Diálogo de culturas

2019

1 Teherán

12 Kashan

11 Isfahán

Puente Khaju

6 Yazd

10 Yasuj

7 8 Pasargada
Persépolis

5 Kerman
Meymand

2

4 Mahan

3 Rayen

9 Shíraz

Festividad de Ashura

Puerta de todas las naciones

Irán

Encuentro de naciones.
Diálogo de culturas

Año: 2019

Síntesis: Bajo el título de «Encuentro de naciones» y «Diálogo de culturas», la Expedición Tahina-Can viajó a Irán para fomentar la mirada crítica, la reflexión del viajero frente a los estereotipos, la detección de historias de vida, el viaje al pasado y, por encima de todo, un recorrido caleidoscópico por el presente y por el futuro que anhelan sus habitantes. Fue un particular y especial viaje al corazón de la milenaria y hechizante… antigua Persia. El objetivo de la aventura fue recorrer Irán y conocer sus principales ciudades, sus tradiciones y folclore, su cultura gastronómica y, especialmente, sus debates, sus desafíos y sus interrogantes.

Itinerario: Barcelona – Teherán – Kerman – Rayen – Mahan – Kerman – Meymand – Caravanserai – Yazd – Pasargada – Persépolis – Shiraz – Yasuj – Isfahán – Campamento desierto – Isfahán – Teherán – Barcelona.

* * *

«No te quedes satisfecho con historias, cómo le han ido las cosas a los demás. Revela tu propio mito»

Rumi

YUCATÁN
Tesoros del mundo Maya

2018

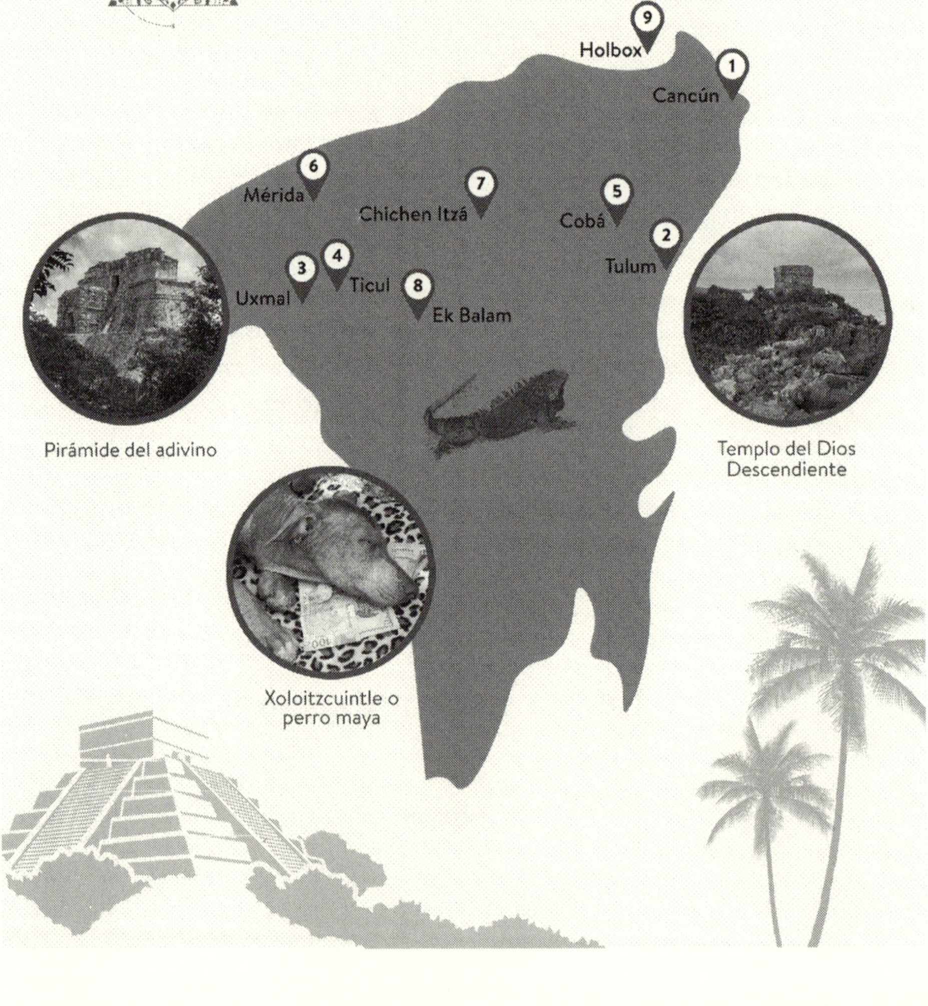

Holbox

Cancún **1**

9

6 Mérida

Chichen Itzá **7**

Cobá **5**

Tulum **2**

3 **4** Ticul

Uxmal

8

Ek Balam

Pirámide del adivino

Templo del Dios Descendiente

Xoloitzcuintle o perro maya

Yucatán

Tesoros del mundo maya

Año: 2018

Síntesis: Nos dirigimos a la Península de Yucatán… Allí nos esperó una aventura de arqueología, periodismo, historias, reporterismo y mucha comunicación… Todo ello, entre los imponentes vestigios de una civilización mágica. Viajamos al mundo maya. Al de ayer, pero también al de hoy. Visitamos enclaves arqueológicos, museos, universidades, talleres de artesanos, grandes ciudades, pequeñas aldeas, selvas ignotas y playas desiertas. Y, en cada jornada, buscamos temas, personajes, paisajes que convertimos en reportajes, crónicas, entrevistas o cápsulas audiovisuales. Escuchamos a periodistas y académicos explicarnos el panorama comunicativo de México. Hablamos con artesanos, músicos, cuentacuentos y octogenarios hombres-medicina. Debatimos alrededor del fuego. Es la filosofía de Tahina-Can: aprender haciendo.

Itinerario: Barcelona – Cancún – Tulum – Cenote de los Dos ojos – Cancún – Uxmal – Ticul – Cobá – Mérida – Chichen Itzá – Ek Balam – Holbox – Cancún – Barcelona.

* * *

«El que cree, crea; el que crea, hace; el que hace se transforma a sí mismo y a la sociedad en la que vive»

Proverbio maya

COLOMBIA

Homenaje a la Paz. En busca de la ciudad perdida

2017

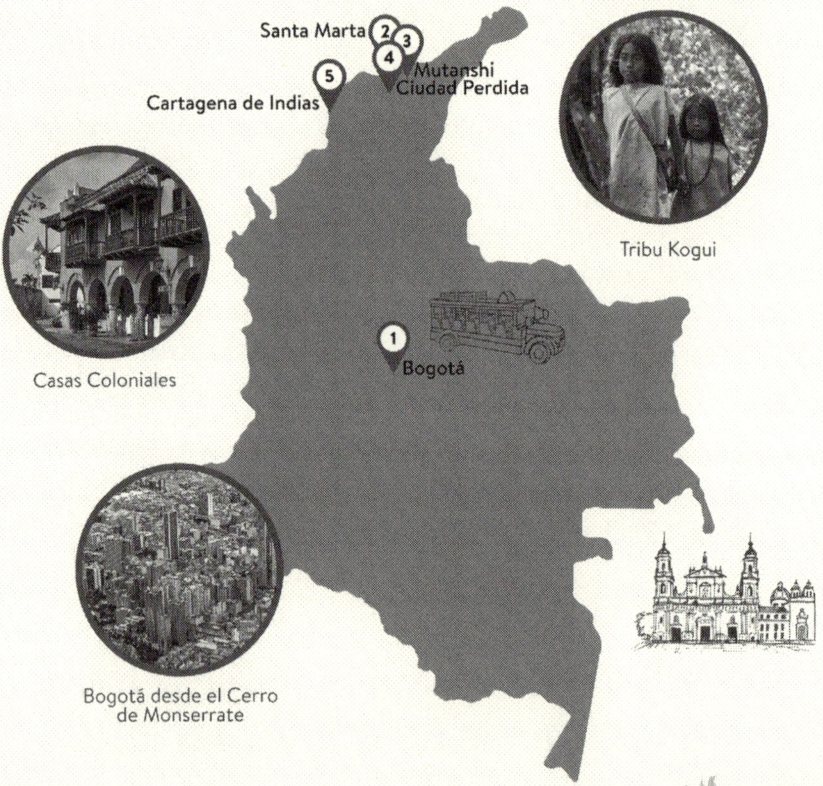

Santa Marta ②③

④

⑤ Mutanshi
Ciudad Perdida

Cartagena de Indias

Tribu Kogui

Casas Coloniales

① Bogotá

Bogotá desde el Cerro
de Monserrate

Colombia

Homenaje a la Paz.
En busca de la ciudad perdida

Año: 2017

Síntesis: Un viaje repleto de aventura y leyenda… Una expedición a un territorio donde «el riesgo es que te quieras quedar». En Tahina-Can Colombia, viajamos a la «tierra de Colón» para aprender de un lugar y de unas gentes tan mágicos como auténticos.

Itinerario: Barcelona – Bogotá – Cartagena de Indias – Santa Marta – El Mamey – Ciudad Perdida – El Mamey – Cartagena de Indias – Barcelona.

* * *

«La vida no es la que uno vivió,
sino la que uno recuerda y cómo
la recuerda para contarla»

Gabriel García Márquez

REPÚBLICA DOMINICANA

La aventura de la educación.
Dibujando sonrisas en el Mar Caribe

2016

27 charcos **5** **4** Puerto Plata
Damajagua

Cayo Arena **6**

Puerto Plata

3 **2**

Pico Duarte   Jarabacoa

1
Santo Domingo

Estatua de Colón

República Dominicana

La aventura de la educación.
Dibujando sonrisas en el mar Caribe

Año: 2016

Síntesis: Nos adentramos en el mar Caribe. Volvimos a invocar la aventura. Respondió a nuestra llamada. Y lo hizo de forma muy especial… Viajamos al corazón del mar Caribe. A una isla con dos países. Recorrimos uno de ellos: República Dominicana. Esa vez, el viaje fue también un viaje a la educación. Buscamos dibujar sonrisas en el corazón del mar Caribe. Nos esperaron proyectos comunitarios, universidades y periodistas con mucho que contar, gastronomía con aroma a coco y caña de azúcar, música de matices africanos, leyendas fascinantes de piratas, exploradores y aventureros, catamaranes sobre aguas turquesas, palmeras de una extraña belleza y… el pico más alto de todo el Caribe.

Itinerario: Barcelona – Punta Cana – Santo Domingo – Isla Saona – Jarabacoa – Ascenso al Pico Duarte – Puerto Plata – Cayo Arena – Puerto Plata – Santo Domingo – Madrid.

* * *

«Hay un país en el mundo colocado en el mismo trayecto del sol»

Pedro Mir

UZBEKISTÁN

A Samarcanda por la ruta de la seda

2015

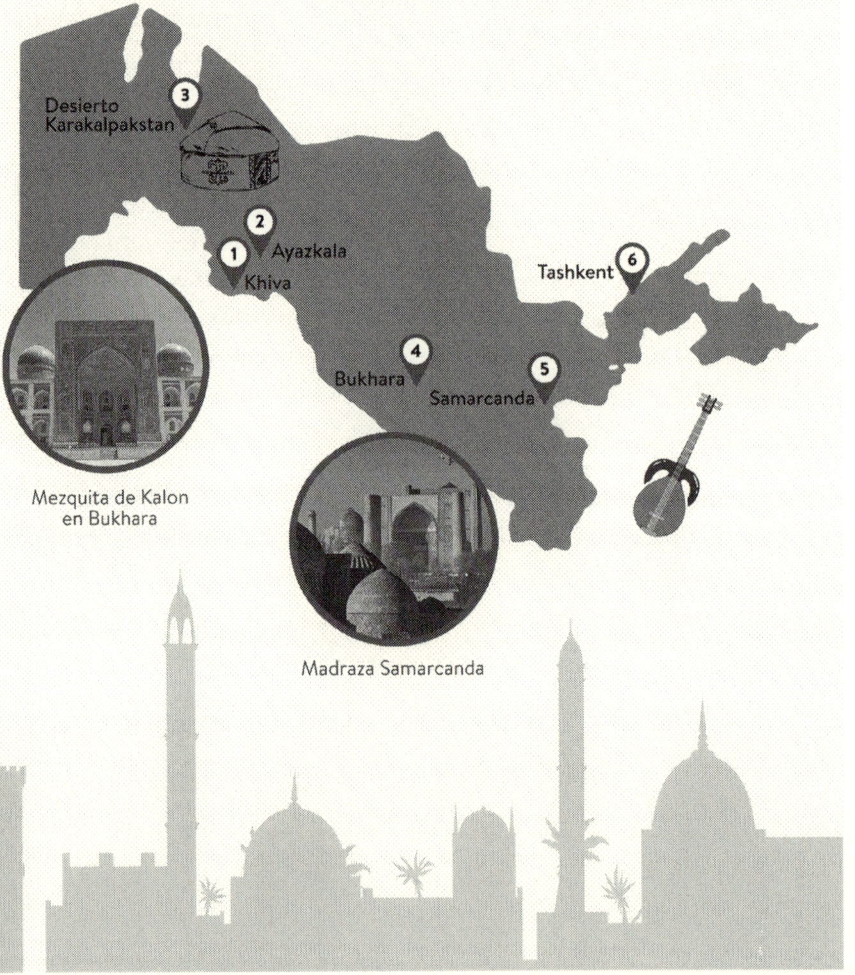

Desierto Karakalpakstan 3

2

1 Ayazkala

Khiva

Tashkent 6

Bukhara 4

Samarcanda 5

Mezquita de Kalon en Bukhara

Madraza Samarcanda

Uzbekistán

A Samarcanda por la Ruta de la Seda

Año: 2015

Síntesis: Nos adentramos en Asia Central para recorrer la República de Uzbekistán. Visitamos sus palacios, sus madrazas, sus fortalezas… Recorrimos sus llanuras, sus cordilleras y sus desiertos, conversando con aldeanos, pastores y artesanos. Seguimos las pistas de antiguas caravanas procedentes de la lejana China. Conversamos con sus habitantes, participamos en sus fiestas y celebraciones, saboreamos su gastronomía y disfrutamos de su particular música. Fuimos para «ver», «oír», «preguntar» y luego contar nuestros viajes con sonidos, imágenes y palabras. Exploramos cinco lugares de leyenda… Tashkent, Urgench, Khiva y Bukhara. Y, finalmente, una de las ciudades más antiguas del mundo todavía habitadas: Samarcanda.

Itinerario: Barcelona – Tashkent – Khiva – Ayazkala – Bukhara – Samarcanda – Tashkent –Barcelona.

* * *

«Y no os conté ni la mitad de lo que vi»

Marco Polo

TAILANDIA
Aventura en el reino de Siam

2013-2014

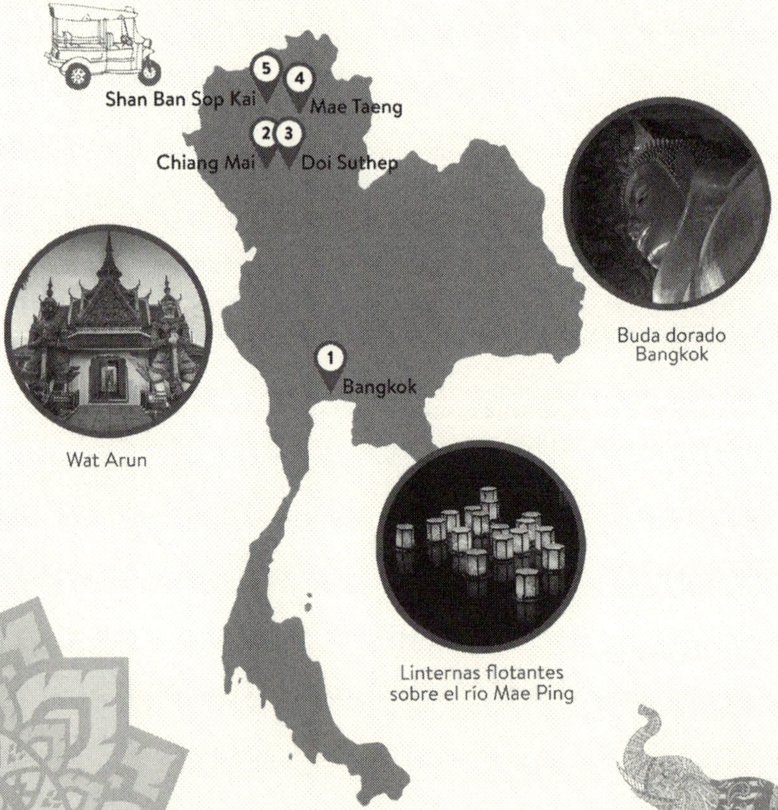

Shan Ban Sop Kai

Mae Taeng

Chiang Mai

Doi Suthep

Buda dorado
Bangkok

Bangkok

Wat Arun

Linternas flotantes
sobre el río Mae Ping

Tailandia

Aventura en el reino de Siam

Año: 2013-2014

Síntesis: La Expedición Tahina-Can se adentró por primera vez en el continente asiático. Su destino: Tailandia. La brújula de la «estrella grande» puso rumbo al legendario y hechizante reino del Siam. Allí nos esperaba una infinidad de sorpresas en forma de paisajes, de secretos con nombre de pueblos milenarios, de leyendas que todavía hoy perduran… Nos adentramos en una ciudad que llaman «de los ángeles», navegamos en ágiles barcas de bambú, visitamos templos de una belleza épica, recorrimos la espesura de la selva a lomos de titánicos elefantes, anduvimos durante horas buscando fabulosas tribus repletas de sabiduría, escuchamos sus leyendas y aprendimos de su sencillez.

Itinerario: Barcelona – Bangkok – Chiang Mai – Mae Taeng – Chiang Mai – Bangkok – Barcelona.

* * *

«Viajar es fatal para los prejuicios, la intolerancia y la estrechez de mente»

Mark Twain

MARRUECOS
Viaje al reino del lejano Poniente

2012

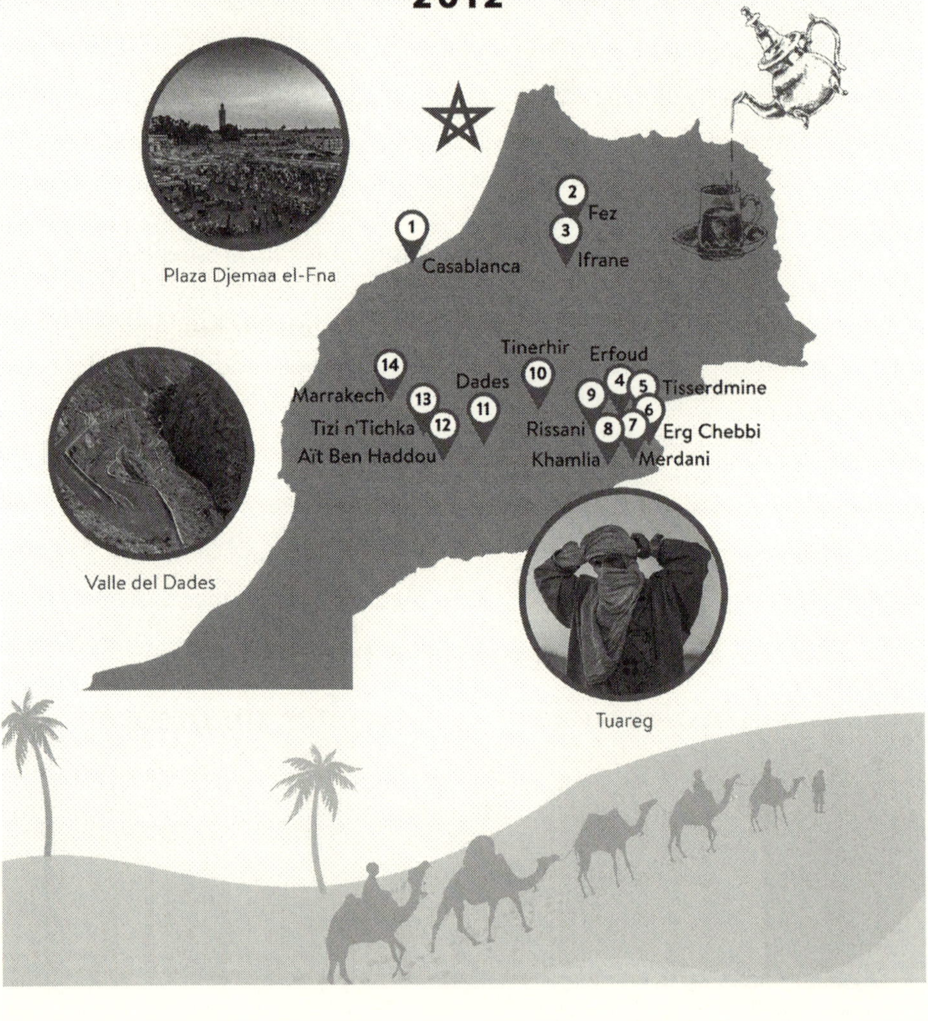

Plaza Djemaa el-Fna

Valle del Dades

① Casablanca

② Fez
③ Ifrane

⑭
⑬ Marrakech
⑫ Tizi n'Tichka
Aït Ben Haddou
Dades ⑪
Tinerhir
⑩
Erfoud
④ ⑤ Tisserdmine
⑨ ⑥
Rissani ⑧ ⑦ Erg Chebbi
Khamlia Merdani

Tuareg

Marruecos

Viaje al reino del lejano Poniente

Año: 2012

Síntesis: Un viaje único. Una aventura inolvidable. Un sueño con forma de expedición. Un país por descubrir. Un desierto hechizante. Una Gran Duna. Una ciudad repleta de misterios. Un valle enigmático. Un grupo de expedicionarios paladeó el genuino sabor de la auténtica aventura.

Itinerario: Barcelona – Casablanca – Fez – Ifrane – Arfoud – Tisserdimine – Erg Chebbi – Merdani – Khamalia – Rissani – Kasbah Tombouctou – Tinerhir – Gargantas del Todra – Dades – Aït Ben Haddou – Trizi-n-Tichka – Marrakech – Barcelona.

* * *

«Viajar te deja sin palabras y después te convierte en un narrador de historias»

Ibn Battuta

CHILE

Crónica de la reconstrucción

2010-2011

1 Santiago

2 3
Lebu
4 Temuco
Niebla 5
Valdivia

Mercado de pescadores

Empanada chilena

Focas de Valdivia

Chile

Crónica de la reconstrucción

Año: 2010-2011

Síntesis: El 27 de febrero del 2010, un terremoto de 8,8 grados en la escala Richter sacudió el centro y sur de Chile. El epicentro del temblor se situó frente a las localidades Curanipe y Cobquecura. Según las autoridades chilenas, fallecieron más cuatrocientas personas y cerca de quinientas mil viviendas fueron dañadas. A todo ello, se añadieron un total de dos millones de damnificados. Se declaró el «estado de excepción constitucional» y los expertos hablaron de la peor tragedia natural acontecida en Chile desde 1960. La Expedición Tahina-Can propuso un recorrido por las zonas afectas con el objetivo de conocer en persona los proyectos y las iniciativas impulsadas por el gobierno chileno, organismos internacionales, oenegés, etc. Los expedicionarios conversaron con los habitantes de las regiones afectadas, reporteros y periodistas… para construir durante el viaje su propia y genuina «crónica de la reconstrucción».

Itinerario: Santiago de Chile – Temuco – Santiago de Chile – Valdivia – Santiago de Chile.

* * *

«¿Usted cree que el mundo entero es la metáfora de algo?»

Antonio Skármeta

AMAZONIA

De la mitad del mundo al corazón del Amazonas

2009

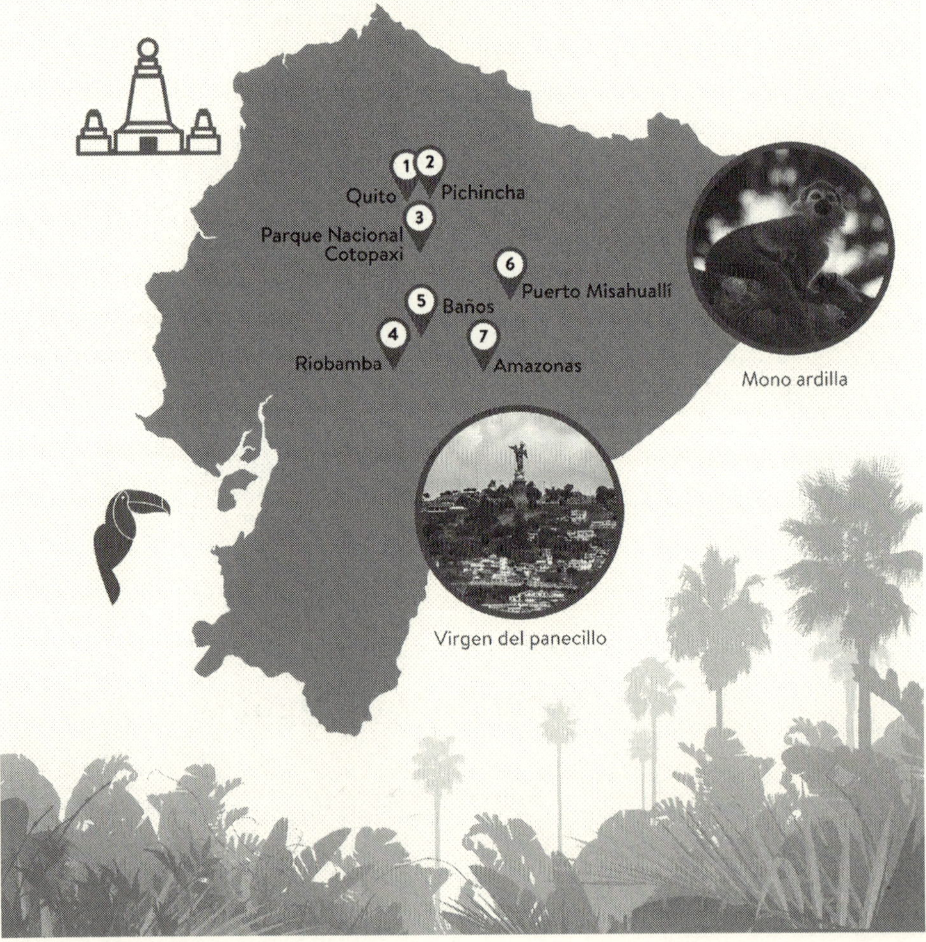

1 2
Quito Pichincha
3
Parque Nacional
Cotopaxi
6
5 Baños Puerto Misahualli
4
Riobamba 7
Amazonas

Mono ardilla

Virgen del panecillo

Ecuador

De la mitad del mundo al corazón del Amazonas

Año: 2009

Síntesis: La Expedición Tahina-Can visitó Ecuador en un viaje repleto de aventura, exploración y aprendizaje. Recorrieron el país desde lo alto de la sierra andina hasta lo más profundo de la selva amazónica. Pasearon por la línea ecuatorial que divide al mundo en dos hemisferios, visitaron proyectos de cooperación en la ciudad de Quito, contemplaron el minucioso trabajo de restauración de majestuosas obras de arte barroco, recorrieron a pie las faldas del Cotopaxi, el volcán activo más alto del mundo, escucharon misteriosas historias y leyendas en boca de chamanes amazónicos, asistieron a ancestrales talleres de octogenarios tejedores quechuas... Y finalmente, establecieron su campamento base en el corazón de la Amazonía ecuatoriana.

Itinerario: Barcelona – Quito – Mitad del Mundo – Otavalo – Cotopaxi – Baños – Amazonía Ecuatoriana – Quito – Barcelona.

* * *

«El amor por todas las criaturas es el más noble atributo del ser humano»

Charles Robert Darwin

PERÚ

Rumbo al munda inca - Cooperación en los Andes

2008

Llama en Machu Picchu

Orillas
Lago Titicaca

1 Lima

2 Machu Picchu

3 Ollaytantambo

Taquile **4**
5 Lago Titicaca

6 Arequipa

Perú

Rumbo al mundo inca. Cooperación en los Andes

Año: 2008

Síntesis: La Expedición Tahina-Can viajó a Perú para sumergirse en las riquezas culturales, históricas y gastronómicas de este país andino. La aventura viajó desde la capital hasta Machu Picchu, y recorrió diversos enclaves únicos como la ciudad de Cusco o el lago Titicaca.

Itinerario: Barcelona – Lima – Arequipa – San Carlos de Puno – Lago Titicaca – San Carlos de Puno – Cusco – Valle Sagrado de los Incas – Cusco – Machu Picchu – Cusco – Lima – Barcelona.

* * *

«Aprender a leer es lo más importante que me ha pasado en la vida»

Mario Vargas Llosa

★ CUBA

Una isla en su encrucijada

2007

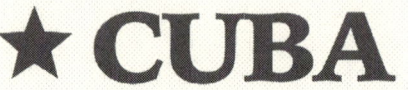

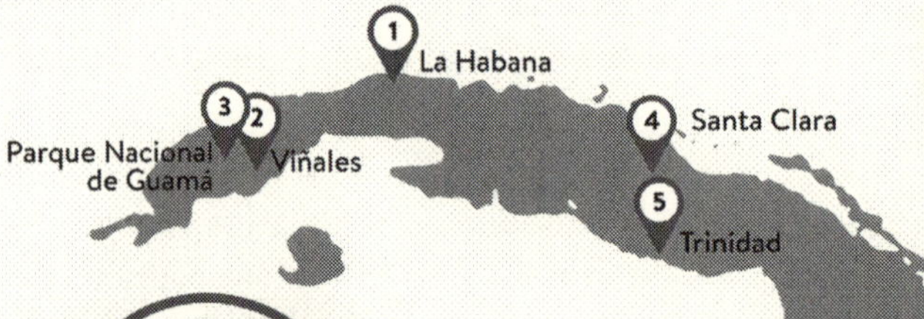

1 La Habana
2 Viñales
3 Parque Nacional de Guamá
4 Santa Clara
5 Trinidad

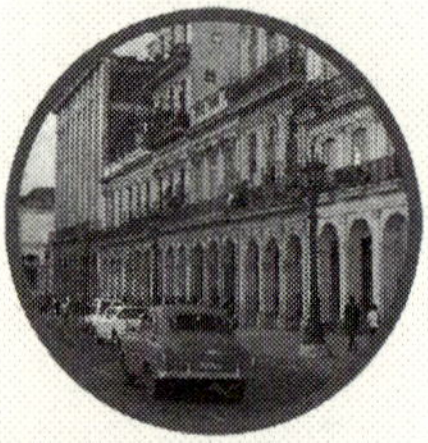

La Habana

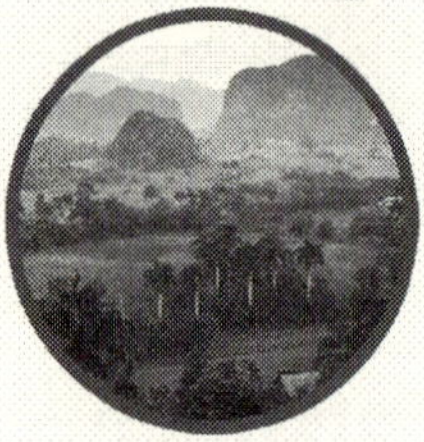

Viñales

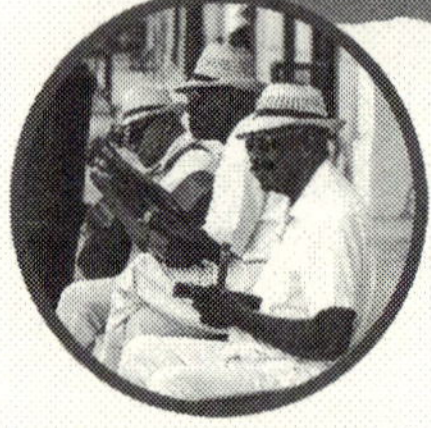

Música callejera

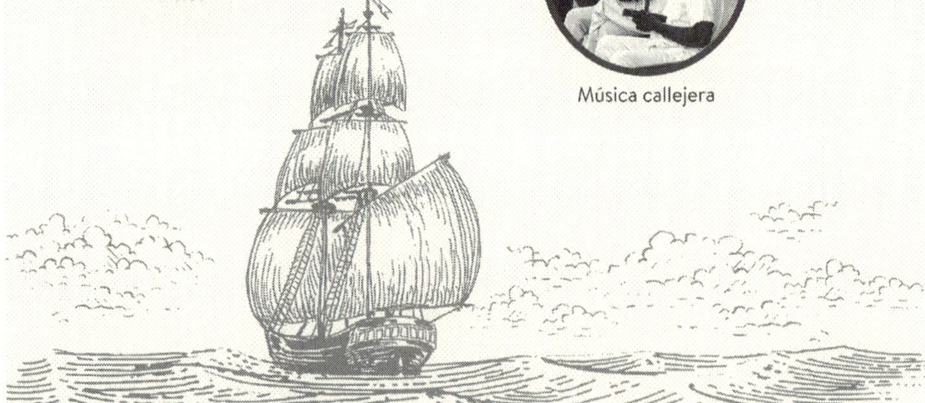

Cuba

Una isla en su encrucijada

Año: 2007

Síntesis: La Expedición Tahina-Can viajó a Cuba para recorrer una isla que vive sumida en una particular encrucijada. El viaje combinó actividades en la Universidad de La Habana con experiencias de aventura y caminatas, y concluyó el periplo ante el mausoleo de Ernesto Guevara de la Serna, El Che, en Santa Clara.

Itinerario: Barcelona – La Habana – Soroa – Pinar del Río – Valle de Viñales – Pinar del río – La Habana – Cienfuegos – Trinidad – Topes de Collantes – Santa Clara – La Habana – Barcelona.

* * *

«No se puede encontrar la paz evitando la vida»

Virginia Woolf

REPÚBLICA DOMINICANA

Por la tierra de tahínos.
La puerta al nuevo mundo

2006

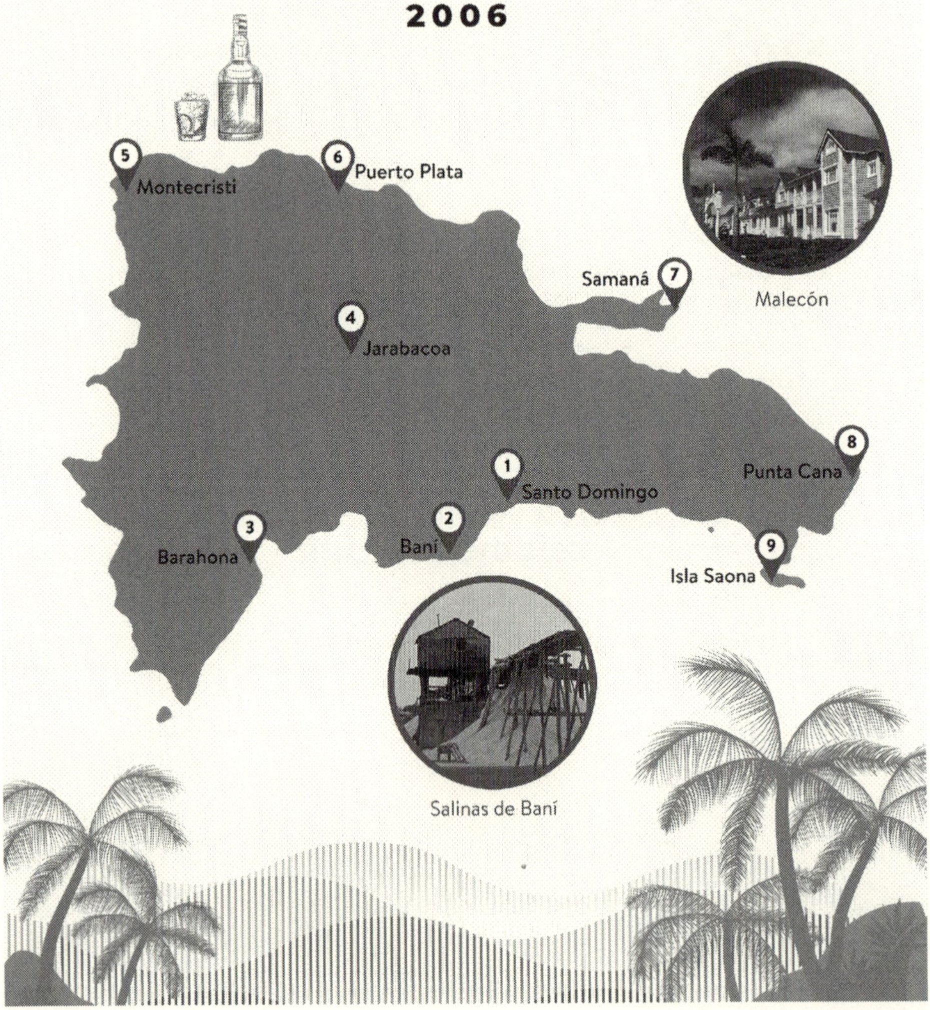

5 Montecristi

6 Puerto Plata

Malecón

4 Jarabacoa

Samaná **7**

1 Santo Domingo

8 Punta Cana

3 Barahona

2 Baní

9 Isla Saona

Salinas de Baní

República Dominicana

Por la tierra de tahinos. La puerta al nuevo mundo

Año: 2006

Síntesis: La Expedición Tahina-Can recorrió República Dominicana en uno de los viajes más extensos que ha vivido el proyecto. Desde Santo Domingo hasta Puerta Plata, pasando por Isla Saona, esta aventura nos permitió conocer los desafíos y retos de un país a través de experiencias de inmersión en diferentes enclaves del territorio y con un programa centrado en la exploración de la cotidianeidad del pueblo dominicano.

Itinerario: Santo Domingo – Barahona – Santo Domingo – Jaracoba – Puerto Plata – Punta Cana – Santo Domingo.

* * *

«Como siempre digo: si quieres hacerlo, puedes hacerlo. La pregunta es: ¿quieres hacerlo?»

Nellie Bly

ECUADOR

Rumbo al Ecuador: de Quito al Amazonas

2005

Monumento Mitad del mundo

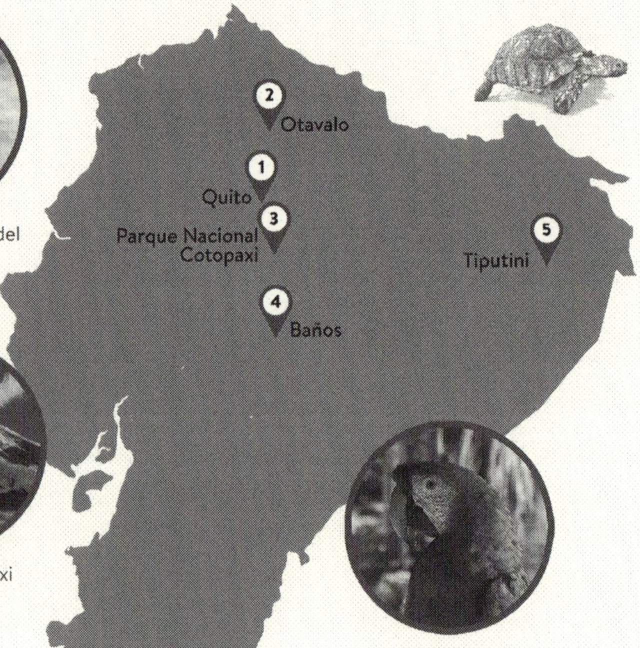

2 Otavalo

1 Quito

3 Parque Nacional Cotopaxi

5 Tiputini

4 Baños

Volcán Cotopaxi

Loro del Amazonas

Ecuador

Rumbo al Ecuador.
De Quito al Amazonas

Año: 2005

Síntesis: La Expedición Tahina-Can recorrió Ecuador a través de un programa académico que conectó su capital, Quito, con el corazón de la Amazonía ecuatoriana. De este modo, los estudiantes pudieron adentrarse en la selva de una de las reservas más valiosas de nuestro plantea: el Yasuní.

Itinerario: Barcelona – Quito – Mitad del Mundo – Otavalo – Ascenso al Cotopaxi – Baños – Amazonía ecuatoriana – Quito.

* * *

«Veo mi camino, pero no sé
dónde conduce. No saber hacia dónde voy
es lo que me inspira a recorrer el camino»

Rosalía de Castro

MÉXICO
Viaje al mundo Maya

2004

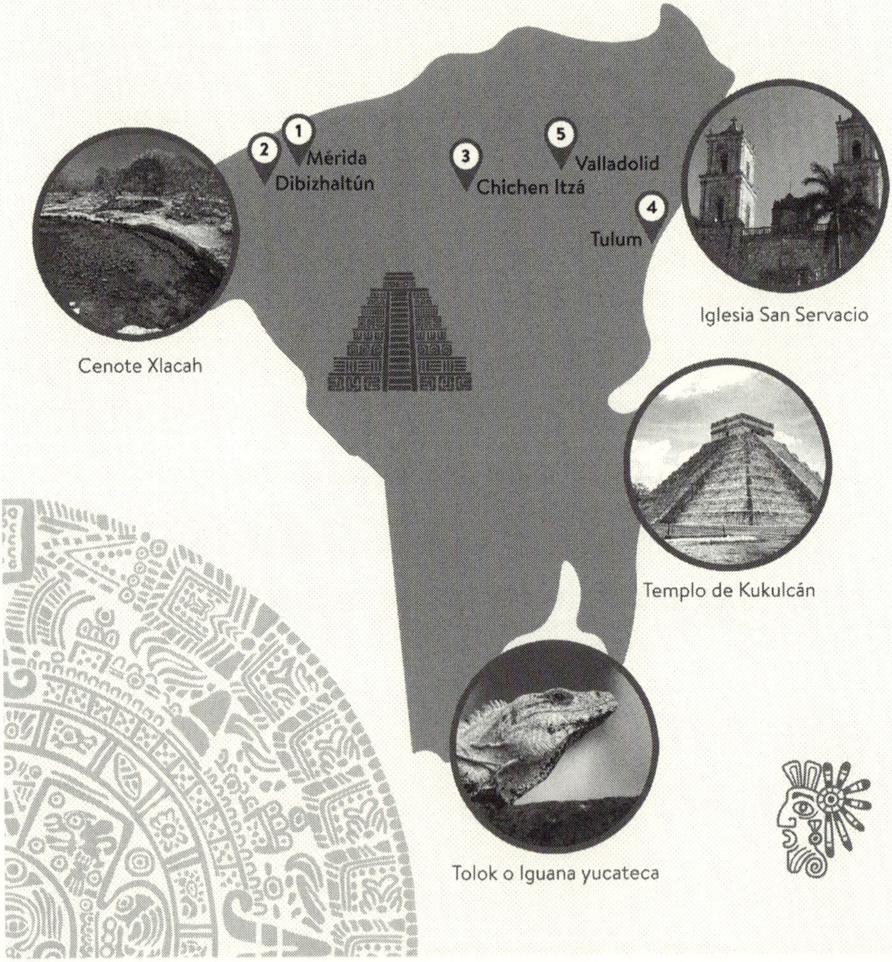

2 1 Mérida
Dibizhaltún

3 Chichen Itzá

5 Valladolid

4 Tulum

Cenote Xlacah

Iglesia San Servacio

Templo de Kukulcán

Tolok o Iguana yucateca

México

Viaje al mundo maya. La otra mirada

Año: 2004

Síntesis: La Expedición Tahina-Can vivió su primera edición en la península mexicana de Yucatán, y visitó los principales enclaves arqueológicos de la zona conversando con periodistas y directivos de medios de la zona. Además, el proyecto se acercó al día a día de comunidades indígenas de la región que mantienen y salvaguardan prácticas y costumbres de gran valor e interés cultural.

Itinerario: Barcelona – Mérida – Chichén Itzá – Cancún – Barcelona.

* * *

«Ningún pesimista ha descubierto el secreto de las estrellas, o navegado hacia una tierra sin descubrir, o abierto una esperanza en el corazón humano»

Hellen Keller

Escriben nuestros expedicionari@s
Historias tahinas

A continuación, se presenta una selección de textos aleatoria correspondiente a diferentes trabajos de las distintas ediciones que el proyecto ha llevado a cabo. Al no ser una selección exhaustiva, invitamos al lector a visitar nuestro sitio web www.tahina-can.org para poder acceder a un material más amplio y diverso sobre la Expedición Tahina-Can[1].

---

1   Algunos textos no aparecen acompañados del crédito porque, en el momento de su publicación en la web, la persona autora no lo precisó.

Perú

Toda una vida para combatir la pobreza

Àlex M. Orts

«Vamos a erradicar la pobreza extrema en América Latina. Estamos convencidos de que lo lograremos.» Es difícil no confiar en alguien cuando pronuncia su discurso con tanto énfasis y convicción, aunque este tenga la apariencia de un sueño utópico. Más difícil es dudar de ello cuando los ojos de quien habla brillan llenos de una mezcla de inocencia y revolución.

Inconformismo en estado puro. «La gente joven es quien debe dirigir el cambio», dice. Por eso él, a sus 18 años, ya lucha para conseguirlo. José Luis Flor es voluntario de la asociación Un techo para mi país, en Perú. Ayuda a las familias que han perdido su hogar dándoles, junto con otros compañeros, un techo bajo el que pasar las noches. Lo más curioso es que conocerle, en cierto modo, despierta un profundo sentimiento de admiración. Consigue avivar esa llama que todos (o muchos, afortunadamente) llevamos dentro, emocionándonos con cada una de sus palabras. Parece que todos los que lo escuchamos estemos dispuestos a unirnos a su causa sin ni siquiera plantearnos la viabilidad del asunto. Una cerrada ovación del auditorio al final de su demostración retórica lo demuestra.

Pero lo más importante es poder comprobar que aún queda gente como él en medio de una masa que tiene como mayor preocupación qué ropa se pondrá el fin de semana siguiente. Su filosofía y su manera de entender las cosas son un pequeño rayo de luz que incide en el camino de aquellos a los que la justicia les da la espalda. «Sé

100 | Tejedor & Pérez-Tornero

que voy a dedicarme toda la vida a combatir la pobreza.» Decidme si no os produce un pequeño cosquilleo, una mezcla de envidia y satisfacción, oír cosas como esta. Y yo que pensaba dedicarme toda la vida a esto del periodismo…

Perú

Juliaca, tierra de nadie

Juliaca es un paraje desolado. Un trámite de carretera en el camino a Cuzco. La cuestión de su localización se disuelve inmediatamente ante la sorpresa de que pueda erigirse así, como el matorral que se empeña en crecer en tierra yerma.

Empieza a salpicarte la vista con construcciones descarnadas de ladrillo visto, que al poco van aunando fuerzas con eslóganes comerciales que pretenden insuflar vida al páramo al grito de «siempre coca-cola», «el placer de viajar en bus» y «se vende kerosene».

La ventanilla del *bus* te permite asistir pasivamente al espectáculo de otra batalla perdida. Todo parece temporal e inestable, como una pieza de segunda mano colocada provisionalmente en el taller cuando ya se ve arruinada y corrupta. Es una imagen eterna de la precariedad, que se desprende del olor a polvo y alquitrán de las vías abiertas, en construcción y sangrantes. Puede que sus obreros anden en busca de unas raíces inexistentes, que no encuentran más comunión que la de los postes que se clavan en la tierra, tejiendo el enmarañado cableado local que cuartea la vista del cielo.

Hay algo mal planteado desde su concepción y sus cimientos, como un bebé que nace ya con problemas del corazón, y puedes sentir cómo late en cada respiración honda y cansada.

La salida a este paisaje solo la prometen las vías férreas, que transcurren paralelas a la huida y el recelo. Con todo, entre tanta desolación subsiste una promesa en la cara de su gente, que festonea el lugar de vida, como farolillos de colores. No existe el ocio en sus calles, cualquiera de ellas es el centro vivo y hormigueante de un comercio que pulsa y se tambalea a cada momento. El trajín de los carros, los puestos ambulantes, el pintoresquismo indígena abocados a la calle son curas contra la existencia gris que propone el techo de la vivienda propia, y contra la insignificancia. La vida está en la cara surcada de las viejas y en los niños que vuelven del colegio, en los perros famélicos que pululan por las vías al sol ardiente.

Un pase de primera para contemplar la enésima lucha por la prosperidad, resignada e inevitable. La constante sorpresa de encontrar un resquicio de esperanza en tierra de nadie.

Perú

La totora, el mayor aliado de los uros

El lago Titicaca es el lago navegable más alto del planeta. Sesenta por ciento perteneciente a Perú y 40 % perteneciente a Bolivia, tiene una extensión aproximada de 160 kilómetros por 60 kilómetros y su profundidad va de los 5 metros a los 280 metros. A pesar de ser un lago de agua dulce, estudios recientes demuestran que tuvo un pasado salado; muestra de ello es la elevada concentración presente de yodo.

En torno al 1800-2000 a. C., los urohitos vivían en territorio actualmente boliviano, concretamente en la desembocadura del río Desaguadero. Los uros eran un grupo migratorio, uno de los 182 reinos aymara, una de las más importantes culturas preinca.

Ante la inminente invasión inca en torno al 1400 d. C., los uros deciden escapar. Será en el lago Titicaca donde encuentren refugio, construyendo una auténtica ciudadela de enormes islas flotantes a base de totora, una especie de junco que crece de forma masiva en ciertas zonas del lago Titicaca.

La construcción de la isla comenzaba a partir de una base de raíz de totora de aproximadamente tres metros de grosor. Para obtener dicha raíz solían esperar la subida del nivel del lago, tras el deshielo de las montañas circundantes, que facilitaba el afloramiento de dichas raíces.

Esta raíz era cortada con serrucho en bloques, a los cuales se les clavaban troncos de colle (planta autóctona de Puno) o eucalipto (traído de Australia y plantado aquí hace unos cien años). Posteriormente, unas cuerdas trenzadas de quechua, procedente de la planta chilliwa, permitían la unión de los bloques de raíz entre sí. Actualmente se utilizan cuerdas de nailon, ya que estas permiten una unión más duradera.

Sobre esta base de bloques de raíz flotante se distribuían capas de totora en disposición alterna. Estos juncos eran cortados desde las barcas haciendo uso de una vara de unos cuatro metros, unida a una afilada cuchilla. De este modo se lograba crear el firme sobre el cual se construían las casas, también con totora, y la cocina, que disponía de un aislante de raíz de totora para evitar incendios.

Para finalizar solo faltaba anclar la isla para evitar su desplazamiento a lo largo de tan inmenso lago. Dicho anclaje se realizaba de dos formas: con ataduras a árboles de 15 metros clavados en el fondo del lago, y con ataduras a las islas ya construidas.

Para construir una isla eran necesarias como mínimo siete familias, que de promedio solían tener cinco componentes, es decir un total de 35 integrantes. La vida de una casa de totora era de cinco a diez años; sin embargo, la de la isla flotante era de unos treinta a cuarenta años. Durante este tiempo, la isla se iba hundiendo poco a poco, por lo que había que incorporar capas y capas de totora sobre el firme. Finalmente, el deterioro de la isla era tal que acababa siendo engullida por el lago.

Actualmente, las islas de los Uros es uno de los puntos turísticos más importantes en el Perú. Esto ha hecho que los isleños no sigan una vida independiente del mundo actual, lo que ha provocado una migración y un progresivo abandono de las islas a tierra firme en busca de nuevas oportunidades.

La totora ha demostrado en estos últimos seiscientos años ser el mayor aliado para lograr la supervivencia del pueblo de los uros, ya que, además de ser un material de construcción, ha sido y es utilizado como alimento, así como el principal combustible.

Ecuador

Las manos que alimentan el mundo

Ecuador es un país bien conocido por su sierra andina, su cuenca amazónica, su bellísima costa, pero, sobre todo, por sus Islas Galápagos, donde Charles Darwin, tras un largo viaje de exploración a bordo del *Beagle*, elaboró la teoría de la evolución por selección natural. Este año se cumplen doscientos años de este maravilloso evento científico, germen del gran conocimiento actual en biología, ecología y genética.

Dando un paseo por la cordillera andina, pueden observarse una inmensidad de comunidades indígenas que subsisten sobre todo gracias a la agricultura. Papa y maíz son la base de su alimentación, cultivos que fluyen generación tras generación mediante la guarda de la simiente.

Estos dos cultivos tienen un origen y centro de diversificación común: América Latina. La conquista del nuevo mundo no solo aportó cantidades incalculables de oro, aportó algo más importante, algo de valor incalculable, la alimentación.

Hace tan solo unos quinientos años que los europeos conocimos estos cultivos, y los incorporamos a nuestra dieta, convirtiéndolos en fieles aliados durante los peores momentos de nuestra historia, salvando millones de vidas en épocas de sequía y guerras.

En los últimos setenta años, gracias al conocimiento creciente en genética y biología, se han desarrollado variedades comerciales de muy alta producción, no así de igual calidad, que impiden unas prácticas culturales como las realizadas en el actual Ecuador, es decir, no es posible guardar y conservar la simiente para su posterior uso.

De este modo se pierde la posibilidad de generar una enorme agrobiodiversidad que permita desarrollar la mejora de los cultivos ante la aparición de nuevas patologías, al mismo tiempo que subyuga a los agricultores a una dependencia de las casas de semillas multinacionales.

Dado que América Latina no es económicamente rentable para dichas multinacionales, es aquí, en países como Ecuador, que, mediante un cultivo tradicional, se salvaguarda la mayor agrobiodiversidad del planeta.

Es paradójica la gran afluencia a países sudamericanos de agentes de casas de semillas en viajes de prospección buscando nuevas características desarrolladas en cultivos andinos para incorporarlos a los cultivos en los países desarrollados.

Tras un paseo en bici por los huertos del parque nacional de Cuicocha uno piensa: Ecuador no solo nos regaló el mayor de sus tesoros, sino que actualmente lo salvaguarda sin ningún tipo de recompensa. ¿Somos conscientes de esta gran injusticia?

Ecuador

Spondylus, el oro rojo de los incas

Saqué del mar, abriendo las arenas,
la ostra erizada de coral sangriento,
spondylus, cerrando en sus mitades
la luz de su tesoro sumergido,
cofre envuelto en agujas escarlatas,
o nieve con espinas agresoras.

Pablo Neruda. «Molusca gongorina»

Hay obras de la naturaleza que tienen un significado especial para el hombre, que van más allá de su función natural, que encarnan los anhelos de la humanidad. El *spondylus*, el llamado «oro rojo» por los incas, es una de ellas.

En la visita a la Catedral de Quito, nuestro guía, Kurt, nos explicó que sobre las sillas del altar mayor había esculpidas conchas marinas pintadas de color rojo intenso, y que estas representaban las conchas del *spondylus princeps*, molusco sagrado para los antiguos pueblos precolombinos, que revestían de santidad a los sacerdotes católicos y conectaban los ritos incas con la nueva religión católica. Al grupo de prensa que atendía la explicación del guía nos sorprendió el hecho de que los colonos españoles, sabiendo que los indígenas utilizaban la concha del molusco como moneda, los recogían y los intercambiaban por oro.

Pero la historia del *spondylus* va más allá de este episodio. Antes de la llegada de los colonizadores a América, y del encuentro entre los dos pueblos, el *spondylus* simbolizaba la gran importancia que los antiguos pueblos precolombinos sentían por la naturaleza. Desde sus dioses, encabezados por la Pachamama (la Madre Tierra) junto al dios Sol, la diosa Luna y los espíritus de las montañas (como nos recordaron en la visita al volcán Cotopaxi, por ejemplo), eran reflejo de que todos los fenómenos naturales regían la vida diaria de los amerindios.

En este caso, la aparición del *spondylus* señalaba que las lluvias provocadas por el fenómeno del Niño eran cercanas. Esto encuentra su explicación cuando se encontraban en las costas de Ecuador las corrientes marinas del Niño y de Humboldt, que provocaban las lluvias tan necesarias para los cultivos de la costa pacífica. Estas lluvias eran precedidas por la proliferación en las playas de las conchas *spondylus princeps*.

Desde la época de la cultura valdivia en Ecuador, el comportamiento del *spondylus,* cuando según las creencias abandonaba su hábitat en aguas profundas justamente antes de la llegada de las lluvias, momento en el que emergen colonias enteras y enrojecen la superficie del Pacífico, se concebía como una señal divina. Por ello, lo consideraron mensajero de los dioses ante los hombres y, más tarde, correo o vehículo de comunicación en ambos sentidos. Los sacerdotes valdivianos también pudieron conocer que, puesto que el molusco solo se reproduce en aguas cálidas, noticias de su eventual presencia en las costas ecuatorianas era indicadora de un aumento de la temperatura del mar (claro síntoma del «fenómeno del Niño»), lluvias muy abundantes y una mala cosecha. Por el contrario, si la presencia de *spondylus* era o es escasa en esa región quiere decir que las aguas del norte (habitualmente calientes) han bajado su temperatura media. Esto genera un fenómeno inverso al del Niño, y con seguridad será un año de sequías. De este modo, el control de los avistamientos de la concha pudo ser muy importante para planificar las campañas agrícolas.

El *spondylus* rápidamente se convirtió en un objeto divino, y como las plumas del ave quetzal macho en las culturas centroamericanas, representación de los dioses mayas en la Tierra, su valor fue más allá que el estrictamente material que tenía. El bivalvo fue introducido como moneda de cambio en las transacciones comerciales, y esta función comercial se extendió pronto (se han encontrado restos de la concha en el norte de la costa pacífica de México hasta el sur de las chilenas) en toda América paralelo al desarrollo de la cultura inca. Un aspecto que no pasó desapercibido para los conquistadores, que, afanosos de conseguir oro, contemplaron cómo para los indígenas el nácar rojo intenso del *spondylus* era más importante, si cabe, que el áureo material, y no desaprovecharon la ocasión de hacer un lucrativo negocio por el cual se intercambiaban conchas extraídas por los españoles por oro de las montañas andinas. Gracias a este intercambio, en la cultura mestiza que surgió, fruto de la convivencia de las dos culturas, se aprovechó esta mitificación del oro rojo, apareciendo en las representaciones divinas, tanto en las nuevas catedrales que iban poblando el territorio americano como con los antiguos rituales que aún se conservaban, donde el *spondylus* tenía un componente místico importantísimo, fruto de esta consideración como conector entre el mundo terrenal y el espiritual.

La Expedición Tahina-Can, seguidora de esa «estrella Grande», que les guio por tierras ecuatorianas ahora hace un mes, vio como el mito del *spondylus* les volvía a cautivar, como aquellos amerindios que se quedaban asombrados ante su aparición.

Ecuador

Descubriendo la realidad indígena

La Amazonía y sus tribus están en peligro. Veinticuatro pueblos indígenas recorren las tierras ecuatorianas desde la costa hasta la sierra. Poblaciones diferentes, más o menos numerosas, pero con una problemática común: la llegada del hombre blanco.

Actualmente, existen en Ecuador hasta 24 grupos indígenas, agrupados en nueve nacionalidades: shuar, achuar, kichwa, waorani, cofán, secoya, siona, shiwiar y zápara. Estas, a su vez, se subdividen en un número de comunidades que se reparten por el país y que sobreviven de caza, pesca, agricultura y recolección, incluso últimamente del turismo, como ocurre en el caso de los kichwas. Cada una tiene un idioma propio, una identidad…, pero comparten los mismos conflictos con las empresas petroleras y los traficantes de madera a los que no le permiten la entrada en su territorio, llegando a escenas trágicas, como ocurrió en el 2003 cuando una tribu presionada por las empresas petroleras llegó a masacrar a 25 niños y mujeres del clan taromenani.

Se estima que hay en el mundo unos cien pueblos indígenas no contactados, es decir, grupos que han optado voluntariamente por no tener ningún tipo de contacto con la civilización, viviendo como han hecho siempre bajo sus tradiciones y costumbres. En Ecuador, hay algunos ejemplos de estas tribus, como son los waoranis y los tagaeri.

La problemática aparece tras el boom petrolero cuando empresas de extracción del combustible y colonos en busca de explotaciones madereras invaden la selva amazónica y con ella los territorios originarios de estos grupos. La presión realizada por estos agentes externos lleva a los indígenas a defenderse con ataques a los invasores, y se crean batallas que acaban con muertes en ambos bandos y con una degradación progresiva del entorno.

Esto ha llevado al gobierno a tomar cartas en el asunto y elaborar una serie de documentos gráficos donde se delimitan los terrenos de movimiento de estos pueblos, intentando evitar conflictos. Además, se ha implantado una política de protección de los pueblos indígenas aislados, basada en el respeto a la autodeterminación de cada grupo, y se sigue una serie de líneas estratégicas de acción:

- Consolidar la intangibilidad. No tocar sus territorios.
- Asegurar su existencia e integridad física y cultural.
- Equilibrar la presencia de actores externos en la zona, como periodistas, investigadores, misioneros…
- Detener las amenazas externas en estos territorios.
- Consolidar la comunicación, participación y cooperación entre indígenas y el Gobierno.
- Fortalecer la coordinación interinstitucional.
- Control del tráfico de madera. Tema muy complicado por la gran fuerza de estos grupos.

Actualmente, el Gobierno trabaja para que estas políticas salgan adelante, pero no es fácil, ya que desde la propia sociedad no se tiene consciencia de estos grupos no contactados, y desconocen su existencia y su realidad.

Chile

Santiago, ciudad de contrastes

Llegaba el mediodía y empezaba el primer contacto con Chile de los expedicionarios desde el autobús, siempre acompañados por el calor. No pasó por alto la gran contaminación que reinaba en la atmósfera de Santiago, creando una especie de niebla que hacía imposible disfrutar de la increíble vista de los Andes.

Santiago es una de esas ciudades que no son fáciles de olvidar, y que dejan sello en tu memoria. Los expedicionarios han podido comprobar numerables contrastes en la ruta por la ciudad desde el autobús. La gran variedad étnica destaca en los ciudadanos que pasean por sus calles. No es raro ver una larga melena rubia, girar la vista y encontrar una larga melena negra, con sus negros y rasgados ojos indígenas. La ciudad, a su vez, no deja de querer parecerse a las grandes metrópolis europeas, con nuevas obras arquitectónicas siempre rodeadas de viejas estructuras que en nada se parecen a esas obras modernas del mundo globalizado.

En el camino del aeropuerto a la ciudad, la carretera principal separa los dos sentidos con una mediana de césped regado por aspersores. Este hecho corrobora el tópico de la ciudad de los contrastes: por una parte, la voluntad estatal por mantener césped en la transitada vía; por otra parte, el contraste con la repetida imagen de personas en condiciones infrahumanas y que, a la vez, se ven rodeados por la circulación de modernos coches.

A pesar de estas disparidades, son muchas las sensaciones positivas que la Expedición ha tenido y que han convertido el paso por Santiago en un intenso y emocionante día.

La arquitectura es muy rica y reúne diferentes estilos, entre los que destaca el neoclasicismo francés, un estilo particular llamado neocolonial que busca emular tiempos pasados, o el innovador *art nouveau*. Además, los tahinos pudieron disfrutar los sitios insignia de la ciudad, como el Palacio de la Moneda, la Plaza de Armas, el Cerro de Santa Lucía, el Barrio Bellavista y el imponente edificio Gabriela Mistral, entre otros, y sobre los que han podido trabajar sus primeros proyectos de comunicación.

Finalmente, todos ellos han querido destacar la amabilidad de los chilenos, con ese acento tan hermoso que empieza pausado y que a medida que van entrando en la frase coge un ritmo y una musicalidad que la dota de belleza.

Chile

Explosión de sentidos

Un techo improvisado de lonas y telas anaranjadas ofrece sombra a los pocos metros del mercado de fruta, verdura, pescado y marisco de la ciudad de Valdivia. Colores, sabores, sonidos, sentidos. Cámaras, turistas y, sobre todo, marisco. Muchos rostros y todos distintos entre ellos. Rojo, naranja y amarillo. Cada fruta de un color y cada pescado de un tamaño. El mercado fluvial valdiviano es una explosión de sentidos, una mezcla abrumadora de autóctonos y turistas, de sonidos y de miradas.

Al lado del río, se ven paradas con pescado y marisco capturados en la costa valdiviana. Al otro lado, tenderetes de frutas y verduras donde se puede encontrar ají, especie de pimiento muy picante; cerezas y hasta maiki, fruto muy pequeño y morado con propiedades curativas originario de China.

Detrás de las paradas se esconden ojos rasgados que preguntan amablemente qué desean los clientes, otros gritan a coro su oferta del día. Entre olor a marisco y tarrinas de pescado con cebolla y limón, el visitante puede sentirse realmente en el epicentro de un gran acontecimiento que para los valdivianos no es más que su quehacer diario.

A diferencia de los grandes mercados, aquí los tenderos ofrecen a sus clientes la posibilidad de probar las frutas que desean adquirir. Fresillas blancas, piñas, cerezas y peras. Al lado, calabazas, lechugas rizadas y cilantro. La gran variedad de frutas dispuesta a lo largo de las paradas se ordena meticulosamente en cajas de madera y los vendedores se mueven serviciales, dispuestos a ayudar.

Rodeados de tenderetes y a ritmo de pura subasta de mercado, están los trabajadores que no se ven, pero que están, aquellos que cada día limpian el pescado y que se sitúan en la trastienda del mercado. Los lomos se venderán en las paradas de enfrente, mientras que las cabezas y las espinas se las comerán los lobos marinos y las gaviotas que esperan deseosas el manjar al lado de los trabajadores.

Según Pedro, ocasional limpiador de pescado, son muchos los turistas que transitan por el lugar. Estos, sin embargo, acostumbran a fijar su mirada únicamente en los vendedores, relegando a segundo plano a los limpiadores. Las manos destrozadas por los cortes y las tripas del pescado muerto no suelen ser los protagonistas. Eso sí, para algunos la forma meticulosa con la que limpian el pescado y su silenciosa mirada dicen mucho más que los colores con los que se visten las paradas de verduras y frutas.

Chile

Carlos Rojas Hoppe:
«Entre aguas y escombros»

A la hora de analizar los terremotos es muy importante tener en cuenta la relación entre la actividad sísmica y la actividad volcánica, así como el historial sísmico de la zona. Dos de los terremotos más grandes desde 1900 han tenido lugar en Chile. El movimiento sísmico que sacudió la ciudad de Valdivia en 1960 ocupa el primer lugar en este ranking. El otro terremoto más fuerte registrado en Chile, el 27 de febrero del pasado año, ocupa el séptimo lugar.

El terremoto de 1960 tuvo su epicentro en la ciudad de Valdivia. La magnitud de este terremoto se estima en 9.5 grados en la escala de Ritcher. En cambio, el del año pasado tuvo su epicentro en Concepción y su magnitud fue de 8.5 grados. En algunas ocasiones, los terremotos van seguidos de un maremoto, como se dio en estas dos ocasiones. Mil seiscientas cincuenta y cinco fueron las muertes tras el desastre de 1960; 217 de ellas fallecieron en Hawái y Japón a causa del tsunami que llegó a sacudir sus costas.

Gracias al estudio de los antecedentes sísmicos, se conocen las llamadas lagunas sísmicas, que son unas «zonas donde ha transcurrido mucho tiempo desde el último terremoto grande», tal y como afirmó el doctor Carlos Rojas, por lo cual se puede predecir que esa zona sufrirá un terremoto. Este es el caso de Iquique, en el norte de Chile, «una laguna sísmica donde se espera un terremoto parecido al del año pasado», dice Rojas, y «también se cree que pueda ocurrir un maremoto».

Chile

Cuando transgredimos la naturaleza

«Gente de la tierra», ese es el significado de mapuche, tribu indígena que sobrevive en el centro-sur de Chile, en la región de la Araucaria. Pese a la conservación de su cultura, se adaptan a los nuevos tiempos y lo demuestran los dos hospitales interculturales que visitamos: el Mapuche Ñi Lawentuwuin y un centro de atención a los mapuches que da cobertura a 36 comunas.

Paulino, uno de los impulsores del primero, nos cuenta: «Para el pueblo mapuche es un orgullo y a la vez damos mucha importancia al hecho de que nuestros jóvenes puedan llegar a la universidad. Todo por el bien del pueblo, aprovechando así la cultura occidental, nunca sin perder la nuestra».

Sorprende la hospitalidad que muestran en ambos centros. Nosotros, pertenecientes al mundo occidental, ese que les redujo el territorio del millón de hectáreas a apenas trescientas mil. Se les nota oprimidos, un pueblo sin voz, condenado por los grandes grupos de comunicación al ostracismo. Están esperanzados con nuestra visita, y me llena de orgullo poder ejercer la misión de dar opinión frente al mundo al millón de mapuches que habitan en Chile.

Maputchucan es el nombre de uno de los cinco tipos de enfermedades que tratan en la medicina mapuche. Me deja anonadado el hecho de que son enfermedades causadas por transgresiones naturales. Los mapuches tienen tres valores principales: Maneuto Mapa, que es el respeto por la naturaleza; Ko, que es el respeto por el agua, y Ché, que consiste en el respeto por la familia, así nos relata un simpático mapuche que merodeaba por el centro sanitario.

Energías y naturaleza que cuando se ven transgredidas causan desastres: «Si se ataca nuestro hábitat natural con plantaciones de pino y eucalipto se acaban nuestras farmacias naturales, donde encontramos las medicinas y, además, nosotros, los mapuches, podemos enfermar ante estos trastornos», afirma Antonio Lizama, la otra cara visible del hospital Mapuche Ñi Lawentuwuin. Y continúa: «Endesa quiere ocupar parte de nuestro territorio, devastando la naturaleza, y existe el precedente de una fábrica taladora que, cortando nuestros árboles, recibió energías negativas que les causaron desastres y tuvieron que huir».

Gabriel es un paciente del hospital que tiene una enfermedad que solo padecen los mapuches. Lleva dos meses internado y la doctora le ha recomendado tres meses. Se encuentra mal, pero accede a hablar. «Sin duda, la medicina mapuche está por encima de todo», responde con firmeza, y completa: «Las enfermedades siempre tienen que ver con la naturaleza y sus efectos, el trato a los árboles y al ecosistema en general». Colma ocupa la habitación de al lado, acompañada de otras dos pacientes, igual que Gabriel. Ella nos cuenta que está también convencida de la importancia de las energías, aunque no rehúye la medicina occidental.

Todo este poder de las energías lo controla los machis, que serían nuestros médicos. Estos en su adolescencia notan sensaciones especiales en sus sueños que les hacen saber que están destinados. Tras estos sueños estarán tres meses con un machi experimentado donde acabarán de desarrollar su don, como ellos lo denominan. Es genético y no puede haber varias generaciones sin un miembro de la familia.

Ana Isabel, la enfermera que nos acompaña a los dos hospitales, coge una planta a la que denominan los mapuches «planta del amor», y cae en manos de uno de nuestros profesores. Este hecho provoca risas entre los que contemplan la situación, pero demuestra el conocimiento que tienen los mapuches de la botánica. La naturaleza es su vida, y tan solo piden que se la respete, algo que el capitalismo olvida, operando sin escrúpulos y sin tener en cuenta la sensibilidad y la importancia para el pueblo mapuche, un pueblo que a su vez nos han demostrado ser tolerante con los winchas, como así denominan a todo aquel que no es mapuche.

Marruecos

5 formas de ganarse la vida en Fez

Las laberínticas callejuelas de la medina amurallada están repletas de vida. La gente ocupa su tiempo con oficios artesanales ya olvidados en la mayoría de enclaves occidentales. Hilos cruzando las angostas calles, gentes transportando carros y burros cargados de mercancía. A continuación, presentamos cinco perfiles con sus similitudes y diferencias, pero todos ellos con una característica común: el compromiso con su gremio y el trabajo bien hecho.

Buahash
Este joven marroquí trabaja entre cuatro y cinco horas diarias en un taller de orfebrería. Allí talla piezas en metales de todo tipo, desde platos a joyas. Aunque a vista del turista puedan parecer iguales, Buabash explica con entusiasmo las diferentes calidades que pueden tener los metales que se venden en la medina, afirmando, como no podría ser de otra forma, que sus productos son fiables. Además, a modo de «truco», recomienda a sus potenciales clientes que lime el metal. Si se torna blanquecino, seguramente se trate de alpaca plateada al 20 %.

Bennys
En tan solo setenta metros cuadrados, este veterano ebanista trabaja y vende todo tipo de muebles. Han pasado diez años desde que abrió el negocio, un taller donde crea y comercia con sus artesanías. Utiliza madera de cedro, procedente de la región de Asdrov. Para decorar las piezas, las empapa con pinturas especiales de madera y

las decora con huesos de animales. Vende tanto a marroquíes como a turistas, aunque apunta que los españoles no son sus mejores clientes últimamente.

Mohamed

Alrededor de 250 personas trabajan para este curtidor. Utilizan la piel de vacas, corderos o dromedarios y las tratan en un patio repleto de cubetas de trabajo. Para darles vistosidad, las tiñen de los colores más variopintos. Eso sí, siempre naturales, ya que usan elementos como la amapola para el rojo, la menta para el verde y el azafrán para el naranja, siendo este el más caro. Su tienda de varios pisos acumula bolsos, cinturones y las típicas babuchas.

Abdlouhab

Desde bien pequeño, Abdlouhab aprendió las artes del telar de su padre. Ahora trabaja desde hace cuatro años en una pequeña vivienda transformada en comercio. En sus paredes descansan montones de colchas, pañuelos, bolsas... Para fabricarlos utilizan un viejo telar que requiere de pies y manos. Como materia prima, lana virgen, algodón y la peculiar seda procedente del cactus. Cuando los clientes acuden a su establecimiento, les enseña divertido cómo colocarse los clásicos turbantes.

Mohamed

Este camarero viajó de los desiertos a los restaurantes de Fez. En tan solo un año su vida ha cambiado completamente. Antes trabajaba haciendo *tours* con dromedarios para los turistas y ahora lo hace sirviendo comida en la ciudad. Mohamed es bereber y ha explicado que su idioma lo aprendió de su familia, ya que en la escuela les enseñaron únicamente árabe y francés. Gracias a su actual trabajo ha aprendido muchos otros idiomas como el español.

Marruecos

Una vida entre dromedarios

Cuando aún era un niño, Said dejó la escuela para aprender los entresijos del negocio familiar: guiar a los turistas a través del desierto. Ahora forma parte de las expediciones de dromedarios que atraviesan las dunas de Erg Chebbi. Durante el camino, nos contó su historia...

Tal y como dicta la tradición bereber, el guía de dromedarios lleva este nombre porque es el tercer hijo de su familia. El primero de sus hermanos fue nombrado Mohamed por ser el primogénito, y el segundo, Abraham. Si hubieran sido niñas, pondrían Aisha a la primera hija y a la segunda, Fátima.

Pese a que se encarga del transporte de turistas hasta el Oasis de Oubira, ni él ni su familia viven ya en el desierto. Hace mucho que se instalaron en Takotj, pequeño pueblo que queda a una hora del oasis a pie. El joven bereber fue a la escuela de Rissani hasta los 6 años, pero debido al tiempo que tardaba en llegar hasta allí, alrededor de dos horas en coche, dejó de estudiar y comenzó a aprender el oficio familiar. Aunque no contara con una educación básica, Said aprendió idiomas: catalán, castellano, inglés, francés, italiano, además del árabe y el bereber. Ahora, mientras él guía los animales a través del desierto, su padre trabaja en el Oasis de Oubira para dar la bienvenida a los turistas. Allí les prepara jaimas, las tiendas de piel que montan los nómadas en el desierto para guarnecerse durante el día y la noche.

Cuando los expedicionarios subieron a sus dromedarios, Said susurró «*tuctuc*» y, en ese mismo instante, los animales se pusieron

en pie, uno detrás de otro en fila india. Por lo general, los dromedarios que encabezan las caravanas son machos, porque las hem-
bras se reservan para dar leche y criar, al igual que en una familia
musulmana según Said. Estos animales, que pueden vivir de 20
a 25 años, tienen mucha resistencia: pueden pasarse una semana
sin beber agua mientras coman algunas de las pocas hierbas que
encuentran entre las dunas. Otra curiosidad es que el dromedario
no solamente se utiliza como atracción turística, sino que los habitantes de la zona se alimentan de su carne. Además, su piel también
se usa para fabricar tambores o se trabaja hasta convertirse en la tela
que cubre las jaimas.

Finalmente, cuando llegamos a nuestro destino, Said dijo
«*outche*» y los dromedarios descendieron sobre sus patas para que
los expedicionarios desmontaran y empezaran su noche mágica en
el Oasis de Oubira.

Marruecos

Universidad El-Quaraouiyyîn. El secreto de la medina

Fez es una población distinta a las demás ciudades imperiales marroquíes. Su medina es única: declarada Patrimonio Mundial por la UNESCO en 1981, tiene la ciudad medieval más grande del mundo islámico. En medio de la misma medina se halla un edificio histórico y de los primeros que se irguieron en Fez bajo la dinastía idrisida: la mezquita y la Universidad El-Quaraouiyyîn.

Cuando Fatima al-Fihri recibió la herencia de su padre, un rico comerciante de Túnez, decidió invertirla en la construcción de un centro de culto y estudio. En el año 859 se inauguró, en la mezquita El-Quaraouiyyîn, la primera universidad del mundo. En el centro se estudiaba gramática, medicina, matemáticas, astronomía, química, historia, geografía y música.

A lo largo de sus años de existencia muchos han sido los marroquíes que han estudiado en la universidad. Debido a la importancia del centro, en los archivos de la universidad se pueden encontrar manuscritos de sus más célebres estudiantes: León el Africano (escritor y asistente del papa León X), Ibn Maimun (filósofo y teólogo judío) y Madhab Abu Al-Fasi (teórica de jurisprudencia).

Actualmente, la mezquita puede albergar a veinte mil fieles y es la segunda más grande de Marruecos, después de la de Casablanca. Pero la Universidad El-Quaraouiyyîn, a día de hoy, se ha especializado en la enseñanza de teología y derecho coránico. Los estudiantes, además de aprenderse el Corán de memoria, también memorizan un poema de mil versos con el resumen de las normas gramaticales del árabe clásico. Después de 12 años de carrera, los graduados pueden convertirse en profesores de universidad o en imanes para dirigir una mezquita.

Pese a la trascendencia de afirmar que la Universidad El-Quaraouiyyîn es la más antigua del mundo, que fue centro de los estudios más elevados ya desde su nacimiento y que albergó los más valorados pensadores de la cultura árabe, no se puede visitar. Pesa más la religión, motor básico de la sociedad marroquí y motivo por la cual los no musulmanes tienen vedada la entrada. Una lástima que un lugar tan emblemático no pueda ser disfrutado por todos.

Tailandia

Chiang Mai: campanas, amuletos y monjes

En Chiang Mai, la segunda ciudad más importante de Tailandia, converge la esencia más espiritual de la religión con el aspecto turístico. Los templos de Doi Suthep y Wat Srisuphan representan el mayor contraste entre esta doble cara de la religión en Tailandia.

El templo de Doi Suthep es uno de los más turísticos de la ciudad de Chiang Mai. Miles de turistas lo visitan cada día. Para acceder a él, los visitantes deben subir una escalinata de más de trescientos escalones flanqueada por dos serpientes talladas en piedra. El templo se encuentra en la cima de la montaña, rodeado por una inmensa terraza con vistas a la ciudad.

Uno de los elementos que caracterizan este singular templo son las campanas que hay repartidas por toda la terraza. Hay una regla que todo visitante debe conocer y respetar: las campanas no se pueden tocar, solo se pueden hacer sonar. Una vez para buena suerte; dos veces, volver a Tailandia. Además de estas curiosas campanas, en las terrazas se pueden comprar amuletos que los monjes bendicen allí mismo.

Dentro del templo, al que se debe acceder descalzo como en todos los demás, la arquitectura es impresionante: columnas doradas y rojas, esculturas de todos los tamaños y un monumento a Buda en el centro. Esta escultura es toda una reliquia y representa un símbolo tanto para peregrinos como para monjes. Tal es su importancia que, mientras estábamos allí, varios peregrinos empezaron un ritual religioso caminando y entonando cánticos alrededor de la escultura central en señal de adoración.

Esa misma tarde visitamos el último de los templos de la novena expedición Tahina-Can, el templo de Wat Srisuphan. Lo más característico de este templo es que es en el único que se puede hablar con los monjes en toda la ciudad. Durante nuestra visita pudimos conversar con cuatro de ellos, que nos explicaron su visión, tanto personal como religiosa, de temas como la muerte, los sacrificios, el papel de las mujeres en el budismo y la fe.

A diferencia del templo de Doi Suthep este templo se aleja del estereotipo de templo turístico que hemos visto durante el viaje. Wat Srisuphan representa todo lo opuesto a Doi Suthep. Aunque todos los templos que hemos visitado durante nuestra estancia en Tailandia nos han parecido lugares extremadamente espirituales, tan solo este último, el de Wat Srisuphan, nos ha transmitido la paz interior que tanto caracteriza al budismo.

Tailandia

Wat Arun: un templo gaudiniano en medio de Bangkok

A orillas del río Chao Phraya se alza el templo de la Aurora, decorado con conchas y trozos de porcelana; nos recuerda al estilo de Gaudí.

El templo de la Aurora, conocido en tailandés como templo de Wat Arun, está presidido por la imagen de Buda que presenta a la deidad como un hombre gordo. Según la leyenda, Buda era un chico que estaba en el monasterio para practicar la meditación, pero era tan guapo que todas las chicas lo perseguían, por lo que no podía concentrarse en su tarea tanto como le gustaría. Era tal su deseo que decidió comer y comer hasta engordar tanto que las mujeres lo dejasen de molestar. Esta leyenda ilustra la filosofía budista que explica que se puede cambiar el cuerpo, pero no la intención.

El templo se compone de unas escalinatas muy pronunciadas que desembocan en dos terrazas de alturas diferentes. Está decorado con conchas y trozos de porcelana de diferentes colores, creando un efecto que recuerda a la decoración arquitectónica de Gaudí. Sin embargo, las similitudes con el arquitecto catalán acaban ahí: la majestuosidad del monumento es puramente tailandesa.

El nombre original del templo era templo de Thonburi. Este nombre cambió cuando el rey Taksin llegó a Bangkok desde Birmania. El rey y los que le acompañaban llegaron al alba y quedaron tan impresionados con la belleza de lo que vieron y la magia del amanecer que decidieron bautizar el templo como templo de la Aurora.

Tailandia

Flores de loto y 108 monedas en busca de la fortuna

La atracción de la buena suerte es uno de los reclamos de los templos del Buda Esmeralda y del Buda reclinado. Aún ataviado con la túnica de invierno, el Buda Esmeralda se encuentra en el complejo el Gran Palacio, una enorme construcción de más de cien edificios situada en el centro de Bangkok. Tres veces por año, coincidiendo con el cambio de estación, el propio rey le cambia la vestimenta al Buda.

Cuando se realiza el cambio de vestimenta, es tradición lavar la escultura con un agua que posteriormente se utilizará como agua bendita. Las personas que visitan el templo pueden mojarse la cabeza, zona sagrada del cuerpo, con esta agua. Es tradición hacerlo con una flor de loto que, después, al entrar al templo obligatoriamente descalzo en señal de respeto, se ofrece a Buda junto a un deseo. Otra de las cosas que la tradición manda evitar es colocar los pies en dirección a Buda. Estos deben estar en orientación contraria a este, puesto que los pies, en la religión budista, se consideran algo inapropiado.

A pesar de su nombre, el Buda Esmeralda no está hecho de esta piedra preciosa. La imagen fue encontrada en el 1434 en Chiang Rai y, en aquel momento, estaba recubierta de yeso. Más tarde, el mismo monje que había descubierto la imagen observó que bajo el yeso había piedra verde. Aunque en aquel momento se creyó que la piedra era esmeralda, en realidad es jade.

Pero, sin duda, el Buda más curioso que hemos encontrado en nuestra ruta por la ciudad de los ángeles es el Buda Reclinado. El monasterio en el que se encuentra es considerado la mejor universidad de masaje tailandés, así como uno de los principales centros precursores de la medicina natural del país. Este es el Buda tumbado más grande del mundo. Mide 46 metros de longitud y 15 metros de altura y está construido con yeso orado y ladrillos.

En uno de los pasillos del templo, hay 108 cuencos de bronce. La tradición indica que, al salir del templo, los visitantes deben echar monedas en estos cuencos porque se cree que así se atraerá la fortuna y la buena suerte.

Tailandia

El emblema convertido en negocio

Los elefantes representan prácticamente un emblema y un símbolo identitario para la sociedad tailandesa. Calles, locales, restaurantes y tiendas están llenos de figuras y esculturas con la forma de este animal. Sin embargo, estos también conforman un gran centro de atención para los turistas.

Fuerza, sabiduría y protección.

Estos son algunos de los valores que hacen, a la vista de los tailandeses, de los elefantes los animales más preciados, protegidos y valorados del país.

Según cuenta la leyenda budista, una princesa llamada Maya soñó una noche que un elefante blanco la penetraba. Unos meses más tarde esta resultaba ser la madre del mismísimo Buda. Es por esto por lo que desde siglos atrás el elefante ha significado un emblema de representación de la realeza, así como también ha sido el símbolo de la antigua bandera tailandesa.

El elefante es el animal más protegido del llamado 'país de las sonrisas'. Desde los años 60 se realiza en la capital de Surin un evento que consta de diversos desfiles y de diversas competiciones a fin de recaudar fondos para la protección y el cuidado de este animal.

No obstante, los elefantes también sirven a los tailandeses como transporte, animal de tiro y de tareas agrícolas. Obviamente, en esta categorización de funciones no podía faltar el turismo, del cual los tailandeses también viven, y muchas veces a costa de sus propios emblemas.

La selva tailandesa de la ciudad de Chiang Mai acoge cada día a cientos de turistas en su principal puerto de atracción: el Campo de Elefantes de Maesa. Un recorrido de unos treinta minutos en el que los más curiosos pueden ir a lomos de este animal y sentirse más en contacto con la naturaleza que nunca. Nuestro interés por la seguridad y el cuidado de los elefantes se despertó nada más llegar allí, y muchos nos aseguraron que estaban muy bien tratados. No obstante, era realmente lamentable y triste la imagen de los elefantes de más corta edad con cadenas atadas en los pies y haciéndose fotos con los turistas, levantando las patas y la trompa de manera prácticamente automática mientras la gente los tocaba y se subía en ellos, posando para las instantáneas.

Nunca supimos si realmente este tipo de atracción consiste en una explotación máxima del capitalismo a costa de un ser vivo o no. Si el hecho de atarlos con cadenas u «obligarles» a hacer cada día el mismo recorrido es positivo para ellos o no lo es. Cierto es que se han convertido en un símbolo y que, como en todas partes, esto se ha explotado con tal de hacer negocio de ello. Que ha fomentado una potenciación del turismo y que ahora ya no son solamente una referencia para el país, sino que también se han convertido en un espectáculo.

David Jiménez, corresponsal del diario El Mundo en Bangkok, nos aseguraba: «En España hacemos mucha explotación de nuestros símbolos identitarios», y por eso tal vez no seamos los más adecuados para hablar. Es cierto. Pero hay que encontrar un equilibrio entre aquello que admiramos y aquello que debemos admirar porque debemos hacer un negocio de ello. Sería una pena que se perdiera el valor que históricamente han tenido los símbolos de los países y las regiones, y es muy bonito que los tailandeses crean incluso que su propio país tiene forma de elefante, y que tengan leyendas tan bonitas acerca de ello. Lo importante es que eso nunca se pierda y que se sepa que, ante todo, son seres vivos.

Tailandia ha significado un punto de inflexión para muchos de nosotros, y nos ha enseñado valores e ideas de las que deberíamos aprender mucho. Pero también hemos visto, con cosas como esta, que incluso los países más humildes exaltan sus valores y sus costumbres a fin de hacer negocio, y tal vez esta sea la parte que más nos ha decepcionado.

Hay que amar nuestras costumbres, de manera que también hay que cuidarlas. Nuestros símbolos identitarios. Pero también debemos cuidar aquello que no nos pertenece y de lo que creemos que somos dueños. Nadie es dueño de otro ser vivo, y por eso también hay que proteger a aquellos seres más vulnerables, para no acabar convirtiéndolos en un mero espectáculo.

Uzbekistán

Rano: la mujer de negocios en el desierto de Karakalpakstan

Karakalpakstan es una república autónoma dentro del estado de Uzbekistán. Esta república ocupa el tercio occidental del país y se sitúa al este del río Amu Daria y al norte del oasis de Jiva.

La región, con capital en Kukus, se extiende desde las costas del mar Aral hacia el sureste. La mayor parte de su superficie la ocupa el desierto de Kizilkum con 300.000 km^2.

En turco, *kizil* significa «rojo» y *kum,* «arena». El nombre del desierto de Kizilkum encuentra su explicación en el tono rojizo que presenta su arena. Es precisamente en este desierto donde la hermana de Rano Opa Yakubova montó su negocio turístico en 1998 y del cual la misma Rano pasó a ser la copropietaria a partir del 2005.

De energía jovial, ojos miel, cejas perfiladas y con una visible funda de oro que cubre uno de sus colmillos, Rano hace cuentas de los gastos de los huéspedes en la yurta que ha establecido como despacho. Lo hace sentada en el suelo, apoyada en una mesa cubierta con variopintos objetos que van desde una calculadora hasta un peine. Los extremos de la yurta lo ocupan dos camas de madera con sus respectivos colchones, así como montones de sábanas, manteles, alfombras y toallas que cubren las necesidades de los huéspedes de su particular hotel en el desierto.

El «complejo hotelero» cuenta con más de una decena de yurtas equipadas con electricidad, colchones, toallas, almohadas y edredones. Dispone también de lavabos, duchas, picas de baño al aire libre y una cocina particular en la que se cuecen las mejores ideas tradicionales para alimentar a visitantes, deseosos de probar los platos más tradicionales de esta región desértica del Karakalpakstan. El mundo turístico no ha hecho más que enriquecer la estructura del negocio y el ambiente que se crea en torno a él. Gracias al contacto con los *tours leaders* en la época en la que su hermana trabajaba como guía turística, confiesa Rano, la creación del negocio se convirtió en una idea más que factible. Los *tours leaders* estaban interesados en el lugar y su hermana se puso manos a la obra en la organización del montaje de las instalaciones. Una de las primeras acciones estatales que consiguió fue la de la pavimentación de la carretera que hace al complejo accesible vía transporte de ruedas. Más adelante, y gracias al contacto con los turistas, huéspedes de las primeras yurtas, la sustitución de las lámparas de queroseno por electricidad procedente de energía renovable se hizo realidad. Así, la Unesco se convirtió en el patrocinador de esta región desértica en la instalación de unas placas solares que generarían energía a partir de la potencia de los rayos de sol de la zona.

El negocio familiar tiene por objetivo incrementar el servicio que ofrecen sus instalaciones. Por ello, la instalación de calefacción y aire acondicionado es una de las tareas pendientes de las dueñas, así como la construcción de una playa artificial para los turistas.

La afluencia de los grupos de turistas se ha ido incrementando a medida que han pasado los años y el número de yurtas ha ido in crescendo. Según Rano, la concentración de los huéspedes puede dividirse en dos temporadas: la primera, en abril y mayo, y la segunda, en septiembre y octubre. Durante el resto de meses sigue habiendo pocos turistas en el hotel de Rano. De ahí que la familia haya ampliado nuevas miras laborales en el terreno de los autobuses turísticos. Con la combinación de ambos trabajos consiguen su sustento económico anual.

Por si fuera poco, el turismo no solo ha motivado a Rano en el ámbito empresarial, sino que también lo ha hecho en el terreno ideológico. A sus 47 años de edad, Rano, la que fuera profesora de uzbeko y de literatura uzbeka, aplica en la educación de sus dos hijos unos valores obtenidos a partir del contacto con las diferentes culturas de sus huéspedes. «Como podemos entender, la vida no consiste únicamente en comer y beber. Antes, tenía el propósito de educar a mis hijos y asegurarme de que estudiaran. Ahora me propongo que mis hijos estudien más idiomas, que estudien en mejores sitios y que conozcan el mundo», explica Rano.

La creación del hotel en el desierto de Kizilkum permite a la familia uzbeka estar en contacto con cantidad de culturas de todo el mundo que no podrían tratar de otra manera, debido a las complicaciones que el estado uzbeko impone en las solicitudes de salida del país de sus habitantes. «De los huéspedes hemos aprendido mucho –dice Rano–: conocemos su cultura, su forma de tratar y también hemos aprendido cómo vivir.»

Charlar, conocer y comunicarse con la gente son las acciones que más llenan de alegría a Rano. Para ello tiene pensado viajar en cuanto sus hijos crezcan y empiecen a trabajar, de aquí a diez años, puesto que solo ha visitado los vecinos Kazajistán y Turkmenistán.

El desarrollo del turismo en Uzbekistán, un turismo aún alejado de la masificación y todavía respetuoso con el medio ambiente y con el turista, puede resultar productivo a nivel cognitivo tanto para el habitante uzbeko como para el visitante extranjero. Por un lado, la familia de Rano mira de mejorar su nivel de vida en un cosmos desértico a través del desarrollo sostenible de su negocio, y por otro, el turista puede gozar de una experiencia memorable gracias al trato humano que recibe por parte de la anfitriona. Por ende, el turismo ha inyectado a Rano un sentimiento que solo anteriores generaciones nómadas de su familia conocían: la curiosidad por aprender y conocer a través del viaje.

Uzbekistán

Viaje a las arenas del tiempo

Tashkent sufre un poco lo que me ha dado por llamar el «síndrome de la ciudad impersonal»: ciudades que, a base de crecer y modernizarse, terminan por ser las menos representativas a simple vista de un país (más irónico aun teniendo en cuenta que es la capital).

Ciudades moldeadas por una arquitectura práctica con fines prácticos, ideales para un funcionamiento eficiente pero tal vez –tirando de tópicos cursis– menos «exótico».

Entendámonos: Tashkent no es menos uzbeka que Samarcanda, Bukhara o Jiva; simplemente, podría ser cualquier otra ciudad de Uzbekistán y, quitando monumentos y museos, poca diferencia notaría alguien que no la conociera. Seguramente, para muchos visitantes, en cierto modo, es incluso familiar. Grandes avenidas, parques, edificios de corte austero o moderno…, base común de muchas de las ciudades que conocemos. Es como hacer un *crêpe* con distintos rellenos: ponle relleno de mermelada o de queso, seguirá siendo un *crêpe*. Haz crecer una ciudad moderna en Uzbekistán, en Europa, en Sudamérica o en los países del Golfo Pérsico y tendrá siempre una base familiar.

Jiva, en cambio, no es un *crêpe* uzbeko. Es una ración de *plov*, el plato nacional del país. No encontrarás en ningún otro lugar una ciudad que puedas confundir con ella, del mismo modo que no confundirás un plato de *plov* con una paella o con un *arròs brut* mallorquín.

Esta segunda ciudad en la ruta tahina sintetiza, al menos en su zona histórica (delimitada por las murallas), ese imaginario colectivo que existe alrededor de la Ruta de la Seda: las ciudades de barro y piedra, barricadas dentro de sus murallas que en tiempos lejanos les protegían (al menos de algunas) de las amenazas del hostil desierto y las vastas estepas que las rodean. Paseando por sus calles un@ ve cómo toman forma esas imágenes que evocan los cuentos de Oriente: las imponentes madrazas, los orgullosos minaretes y las poderosas murallas que por su color parecen paridas por la propia tierra; las estrellas y filigranas que decoran muchos rincones; los muñecos y las piezas de artesanía que otrora servían para orgullo de los coleccionistas, de los museos y de aquellos que eran lo bastante afortunados y osados que podían permitirse viajar tan lejos, y que son ahora objetivo de los viajeros que no pueden o no quieren volver a casa sin un *souvenir* típico. Estos últimos también ven proliferar los pequeños puestos de recuerdos, con nombres evocadores, pero a veces un poco desafortunados.

Otro viejo clásico del imaginario sobre Oriente añade su propia aportación (de la que se podría prescindir, la verdad) a esta sensación de cambio: el *caloret* desértico y el sol abrasador, que ya a principios de verano dan la impresión de estar en un horno y que le hacen plantearse a uno si antes de la ducha no valdría la pena pasarse una lija por la piel y con lo sobrante montar un negocio de sal.

El cambio se refleja también en los rostros de los habitantes. La ciudad amurallada es un microuniverso anclado en otro tiempo, uno de esos pueblos en los que la gente se mueve sin prisa. Un partido de fútbol espontáneo que surge entre un grupo de niños que juegan en la calle, para los que ese es su mundo, y unos visitantes puntuales que lo hacen suyo por breves horas. La vendedora que se sienta pacientemente junto a su puesto de recuerdos y los recoge cuando cae la noche, haciendo lo mismo cada día durante años; un tiempo que avanza y es inmutable al mismo tiempo.

La oscuridad de la noche con escasas farolas y el cielo estrellado sobre las callejuelas que traen un ambiente atemporal.

Aquí no hay ya grandes emperadores que pasen con sus ejércitos ni el bullicio de los soldados de la modernidad desplazándose a su trabajo cada día. Están solo la ciudad y sus habitantes, como lo han estado durante siglos. Khiva, la ciudad de barro y piedra, es como un reloj de arena, que avanza para llegar siempre al mismo lugar y volver a partir del mismo lugar. Es la ciudad de piedra, que es como la piedra: no inmutable, pero demasiado sutil para percibirlo día a día.

República Dominicana

Enfrentarse a la montaña

El Pico Duarte es conocido por ser la montaña más alta del Caribe. Se encuentra situado en la cordillera central de República Dominicana, entre las provincias de San Juan y Santiago.

Existen dos teorías sobre la altura de su cima: algunos libros apuntan a que alcanza los 3.080 metros, mientras que otros afirman que su altura es de 3.125 metros. Junto a esta montaña está La Pelona, pocos metros más baja que el Pico Duarte, y entre ellos se encuentra el Valle de Lilís.

Muchas son las personas que se sienten atraídas por este paraje, tanto extranjeros como los propios dominicanos. En un fin de semana extenso pueden subir hasta cinco mil personas, en su mayoría lugareños.

En las épocas de invierno, la afluencia de curiosos que buscan ascender hasta la cima aumenta, siendo esta una de las excursiones más demandadas por los dominicanos que buscan sus frías temperaturas.

Generalmente, los visitantes no se conforman con realizar la excursión hasta Compartición, donde se encuentra el refugio situado a 2.400 metros, sino que tratan de llegar hasta la cima y coronar la montaña.

Mientras que el dominicano opta por ir en invierno, el extranjero se decanta por el verano. Es habitual la llegada de estadounidenses y europeos que huyen del frío de sus países. Este hecho puede extenderse no solo al Pico Duarte, sino a toda la isla dominicana.

El Pico Duarte se divide en dos partes: la ascensión al pico y la excursión al Valle Tetero, situado dentro del parque y al que se accede mediante una bifurcación antes de la Loma del Arrepentimiento, que es la parte más complicada del recorrido.

Son muchos los motivos que empujan a los excursionistas a llevar a cabo este reto, pero todos coinciden en la satisfacción que conlleva llegar a la cima. Es una excursión larga, aunque mucha gente piensa, antes de realizar el recorrido, que al ser una montaña situada en el Caribe no es muy exigente. En ella no se alternan subidas con llanos, sino que la pendiente es constante y exigente.

En un día se pasa de los 1.100 metros que hay desde el inicio, hasta los 2.400 metros del refugio de Compartición.

Otras razones son también el gusto de disfrutar de un poco de frío en una isla tan cálida y el hecho de pasar un rato agradable con los amigos acompañados bajo la luz de la luna, contemplando las estrellas y bebiendo «romo».

Las personas que hacen el pico en un día son, normalmente, alpinistas experimentados. El resto de gente divide el ascenso como mínimo con una noche de por medio; el primer día se sube hasta el refugio de Compartición, se duerme, y, al día siguiente, se llega a la cima del pico y se baja hasta el punto de partida inicial.

Todo depende del tamaño y la condición física del grupo, lo que hace variar el tiempo en el que se realiza la ruta. Normalmente, a compartición se llega entre cinco y ocho horas, en casos de mal clima, las personas con poca preparación física o grupos grandes pueden tardar hasta diez horas. Estas personas pueden subir en mula si no se ven capaces de llegar a pie.

Mucha gente llama, erróneamente, sherpas a las personas encargadas de hacer posible que los expedicionarios cumplan el objetivo de llegar a la cima. Los *sherpas* realmente son un grupo étnico que vive en las montañas del Nepal y que se encarga de abrir camino a los expedicionarios que deciden escalar el Himalaya. En Pico Duarte se les llama simplemente guías. Los guías que realizan la expedición forman parte de una asociación y las empresas y personas que quieran realizar la ruta están obligadas a trabajar con ellos, aunque pueden llevar también sus propios guías para complementar. Los trabajadores de la asociación son personas que residen en la zona y que se inician en el oficio desde pequeños, acompañando a sus padres, que en su gran mayoría son agricultores o ganaderos.

El problema que se plantea con estos guías es el trato que dan a las personas que quieren hacer la excursión, ya que al no estar formados por ninguna escuela la atención al cliente no es del todo buena. En muchos casos, si los turistas no hablan castellano la comunicación se dificulta. A este problema hay que añadir el hecho de que el gobierno no proporciona recursos suficientes para fomentar este tipo de actividades. El ministerio se centra en el turismo de sol y playa, y deja en segundo lugar el de montaña.

El Pico Duarte es, pues, un lugar único en el Caribe, donde todo el mundo con una mínima preparación física y muchas ganas e ilusión puede lograr el reto, que, sin duda, llena de orgullo y satisfacción a todo aquel que corona la cima.

República Dominicana

Al son del Caribe

Si pensamos en República Dominicana, en nuestra mente se dibujan las aguas azul turquesa del mar, largas playas de arena blanca, el mejor ron del mundo y una pista de música caribeña acompañando a todo lo anterior.

Lo cierto es que la música es un imprescindible en la vida de los dominicanos. Acompaña en todos los ambientes y momentos de su vida, del trabajo a la calle, los bares y cualquier lugar donde haya una toma de corriente a la que enchufar los ritmos musicales tradicionales del país.

Se puede decir que la música dominicana es el resultado de una fusión de diferentes armonías, tonos y ritmos, que al final dieron lugar a un estilo muy característico y propio del país.

La más identificativa de República Dominicana, cuyo origen en el país se remonta a finales del siglo XIX, es el merengue. Este género musical tiene influencias taínas, europeas y africanas por los tres instrumentos que lo componen —la güira, el acordeón y el tambor— y todos en la isla tienen ese don innato que dicen que llevan en la sangre para bailarlo como nadie.

Además del merengue, también se escucha la bachata. Dicen los vecinos del país que este tipo de música, que llegó más tarde que el merengue, era la que sonaba en los locales de venta de alcohol a los que acudían los melancólicos buscando dónde ahogar sus penas. De letras románticas y movimientos melosos, la bachata es un estilo que llegaría para quedarse, aunque en los tiempos de la dictadura hubiese intentos por dejarla a un lado, pues no era propiamente la música que les representaba de raíz.

A estos dos grandes estilos se suman otros tantos de ritmos caribeños similares como la salsa o el reguetón, ese que nunca falta en las fiestas de los jóvenes y cuyas canciones recorren el mundo con cada hit del verano.

República Dominicana y su gente tienen ese algo que atrapa y encanta a todo el que tiene la oportunidad de venir y traspasar la frontera más allá de lo que muestran los folletos de las agencias de viaje. Por su proximidad, el humor, la energía, la positividad…, y en lo que, por supuesto, el sentido de la música juega un papel fundamental.

Porque, como decía Nietzsche, sin música, la vida sería un error.

República Dominicana

Un paraíso en la ciudad

A treinta minutos de la capital, encontramos sumergido bajo tierra una maravilla natural: el Parque de los Tres Ojos, considerado el pulmón de la ciudad de Santo Domingo.

Descubierto en 1916 tras la primera intervención norteamericana en el país, este paraje esconde una caverna que acoge entre sus paredes la cuenca hidrográfica del río subterráneo Las Brujuelas, dividido a su vez en seis lagos de agua dulce, dos de los cuales son de muy difícil acceso.

Hasta el momento, se sostiene la teoría de que en su origen se trataba de un único lago, y que fue a consecuencia de un movimiento de las placas tectónicas en la que se derribó el techo que quedó separada en diferentes espacios.

Envueltos de una densa capa de humedad, nos encontramos inmersos en aguas cristalinas que dan lugar a una rica biodiversidad de fauna y flora del ecosistema dominicano.

Descendiendo en la inmensidad de la caverna, encontramos el primer lago de aguas azufradas. El nombre se debe a que en el fondo de sus aguas se observa una sustancia blanquecina que se creía en su origen azufre. Más tarde, estudios científicos determinaron que la substancia blanquecina se trataba, sin embargo, de calcio y otros minerales.

El lago de las damas, por su parte, debe su nombre a cuando el parque fue usado como balneario. Situado en un lateral más reservado y con una profundidad máxima de 2,5 metros, era considerado como el paraje idóneo para el disfrute y relax de las mujeres.

El tercer lago, conocido como la Nevera, tiene un agua a una temperatura muy baja, y de ahí su nombre. Con suelos donde descansan grandes estalagmitas y cubierto por un techo repleto de estalactitas, sus aguas se encuentran entre los 15 ºC y 21 ºC.

En la orilla opuesta a este último lugar, seguimos el camino que nos conduce hasta el corazón de esta maravilla natural urbana. En él se esconde el cuarto y último lago, Zaramagullones. Se encuentra rodeado y cubierto de vegetación, cualidades que le permitirían ser considerado la estrella del Parque de los Tres Ojos.

Un paraíso en la ciudad que es objeto de disfrute de los lugareños y parada turística obligatoria para todos los que visiten la isla.

Colombia

Cartagena viva y mágica

Entre sonidos que suenan a ecos coloniales caminamos por las calles de Cartagena de Indias. Una ciudad que, sin duda, se caracteriza por la esencia que desprenden todos sus rincones, invade nuestras pupilas. Es inevitable no querer avanzar.

Recorro con la mirada los establecimientos llenos de color y magia. Vendedores ambulantes y artistas callejeros, siempre dispuestos al regateo, pululan de un lado a otro.

Las fotografías capturadas son constantes, hay tanto que plasmar y tanto que queremos recordar... Del rostro arrugado de aquel anciano leyendo el periódico del día anterior a las lágrimas del niño que no quiere acompañar a su madre a comprar. El músico incesante con un altavoz en el hombro que improvisa raps, los turistas que beben cerveza fresca para combatir el pesado calor tropical.

Cartagena es toda edificios de colores corroídos por la humedad y amplias balconadas que te encauzan hacia el salado olor del mar. El contraste de lo nuevo y lo viejo dividido por una imponente muralla.

Es gigante el poder de esta ciudad de contrastes, que te envuelve y te invita a volver nada más empezar a conocerla.

Colombia

El universo de Botero

Figuras deformadas y robustas característica de sus obras artísticas. Sencillamente fácil de reconocer. Entramos en un edificio en el barrio de la Candelaria, en Bogotá, y con las primeras pinturas que se muestran descubrimos de quien se trata. Personajes y objetos redondos, de gran volumen y deformados. Su estilo es único e inconfundible, eso es cosa de Fernando Botero.

El Caballo gordo, por ejemplo, es una de las figuras más conocidas y representadas en diversas escenas. Aquí se encuentra una pintura al óleo sobre lienzo y perfectamente vemos su cuerpo con volumen. Seguimos avanzando y cada vez más apreciamos la influencia del muralismo mexicano y la pintura del renacimiento italiano, consiguiendo este estilo surrealista tan personal. Vemos que dentro esta colección de 123 obras hay temáticas y series variadas: escenas costumbristas, paisajes y retratos. Siempre exagerando las figuras para transmitir la importancia y belleza del volumen.

Se trata de uno de los mejores artistas latinoamericanos, estandarte de la pintura colombiana, y sus obras se encuentran repartidas por diferentes ciudades, una de ellas Barcelona, donde está el Gato del Raval.

Colombia

El polvo blanco que desangró Colombia

La guerra no declarada entre los narcotraficantes y el Gobierno fue tan fuerte que, finalmente, en el 2006 el Gobierno colombiano fumigó todas las plantaciones que encontró. «Esta fumigación dejó la tierra estéril durante ocho años. Fue una época muy dura económicamente, incluso teniendo en cuenta que el Gobierno ayudó a los campesinos que tenían plantaciones de coca dándoles recursos suficientes para plantar de nuevo cacao, café y cereales», afirma, sombrío, el colombiano.

Al hablar de cocaína, el primer país que a todo el mundo le viene a la cabeza es Colombia. Esta droga sintética compuesta, principalmente, de gasolina, permanganato de sodio, sal, ácido úrico y sal, ha sido la culpable de la mayoría de los conflictos bélicos y sociales que tuvieron lugar el siglo pasado en el país cafetero, tal y como cuenta Gabriel, colombiano y guía turístico en Sierra Nevada. Pero si se quiere buscar el origen de este polvo blanco, que tantos problemas ha causado con el paso de los años, se debe buscar en su origen, en los años 70 del siglo XX. «En esa época un campesino que trabajara duro ganaba mensualmente, de media, siete mil pesos colombianos. Actualmente, equivaldría, aproximadamente, a unos dos euros y medio. Los trabajadores se dieron cuenta de que, plantando coca en lugar de café, cacao y otros cereales, podían ganar el triple de dinero o más», afirma el guía de Expotour. Por este motivo, en Sierra Nevada empezaron a aparecer grandes cultivos con centenares de trabajadores que se ganaban la vida de manera más fácil que antes, prosperando muy deprisa económicamente.

A pesar de mover miles de millones de dólares por todo el mundo, no todo fueron alegrías. Por ejemplo, aparece el narcotráfico internacional, sobresaliendo, en Colombia, el Cártel de Medellín y el Cártel de Cali, que causaron constantes peleas y guerras. Por si fuera poco, la aparición de las guerrillas, los paramilitares y el Estado en el conflicto fue cada vez más habituales. Como recuerdan todavía algunos campesinos residentes en el Mamey, la pelea entre la familia de los Giraldo y la familia Castaño (dos grandes familias productoras de cocaína) duró más de un mes y desde toda la sierra se podían oír los disparos y los gritos de ambas familias.

Después de todos los problemas que ha tenido el país con las drogas y el narcotráfico, Gabriel se siente orgulloso de que actualmente sea otro negocio el que prospera en esta zona de Sierra Nevada: el turismo. «En el 2016 fueron 1.600 familias las que se beneficiaron del turismo que proporciona la Ciudad Perdida. Esto significa que 24.000 personas viven de esos ingresos», calcula, muy satisfecho. A su vez, Gabriel sueña con poder ir borrando, poco a poco, la imagen que el mundo tiene de su país a causa de su pasada relación con las drogas y, de ese modo, poder verlo como un país próspero, cultural y lleno de oportunidades para sus habitantes.

Colombia

La Catedral de Sal subterránea
Un místico juego de luces

La expedición Tahina-Can visita la Catedral de Sal, obra construida en el interior de las minas de sal de Zipaquirá, a unos cincuenta kilómetros al norte de Bogotá.

Cerca de Bogotá, en Zipaquirá, se encuentra la Catedral de Sal, la mayor riqueza arquitectónica del país, según los colombianos. Es una iglesia subterránea ubicada en las minas de sal de la ciudad. Uno de los lugares más especiales es el Altar Mayor, donde una inmensa cruz de 16 metros refleja la luz dando una sensación mística y religiosa al visitante.

Actualmente, la catedral se puede visitar y está ubicada a 180 metros bajo tierra. Para llegar allí se tiene que pasar por 14 capillas, que representan el camino de la cruz de Jesucristo. Durante el recorrido se encuentran obras de arte de mármol y sal, como por ejemplo la Creación del Hombre, inspirada en Miguel Ángel, o esculturas de ángeles.

La primera catedral se construyó en 1954, pero por razones de seguridad se cerró en 1992. Después de muchas obras de excavaciones, sacaron más de doscientas cincuenta mil toneladas de sal. En 1995, se construyó la actual iglesia, más segura que la anterior.

Esta no es la única construcción de este tipo, en el mundo existen tres catedrales de sal, dos de ellas en Polonia. Pero la catedral colombiana destaca por poseer la cruz subterránea más grande del mundo.

Yucatán

Rapear a la vida

David Rigola

«El rap fácil es el que habla de drogas, pero me gusta ir más allá. Mis temas me ayudan a expresar la tristeza, el odio y, a veces, la felicidad. Es lo que me hace seguir», cuenta el joven rapero con una amplia sonrisa.

Cuando uno piensa en mayas suele imaginar los típicos guerreros vestidos con pieles, armados con lanzas y escudos rudimentarios. Es un tópico, similar a creer que hoy en día los pueblos mayas viven aislados y siguen comportándose como sus antepasados. Sin embargo, los pueblos mayas se han adaptado al paso del tiempo y sus jóvenes, como Martín de Jesús, son un buen ejemplo de ello.

Martín de Jesús Ep Kahum es un joven maya residente en el pueblo de Tihosuco (Quintana Roo, Península de Yucatán) que, a sus 16 años, rompe con el estereotipo que la gran mayoría tiene de los mayas. De Jesús es estudiante de bachillerato y lo que más llama la atención de él es su gran pasión, el rap.

Todo empezó a los 12 años, sus padres se separaron, fue una etapa dura en la cual el rap se convirtió en la vía de escape para expresar sus sentimientos y salir adelante. «El rap fácil es el que habla de drogas, pero me gusta ir más allá. Mis temas me ayudan a expresar la tristeza, el odio y a veces la felicidad. Es lo que me hace seguir», cuenta el joven rapero con una amplia sonrisa.

El joven de Tihosuco se confiesa fan de algunos raperos mexicanos como Nendo Peña y York. «Me gusta escucharles, ya que siempre me aportan algún truco o alguna técnica que después intento encajar en mis canciones», dice Martín. También cuenta que dentro del rap le gusta probar los distintos subgéneros como el *reagge* con rap, el hiphop o el rap puro, aunque expresa el deseo de trabajar con un abanico temático más amplio en el futuro.

Para Martín el rap es su gran pasión, sin embargo, tiene los pies en el suelo y sabe que triunfar en el mundo de la música es posible, pero no sencillo: «Para lograr el éxito hay que trabajar duro, tener talento y no olvidar nunca que los estudios son lo más importante. En mi caso quiero ser arquitecto», expresa el joven.

Su fuente de inspiración son los problemas de la escuela o situaciones cotidianas que ve en la calle, ya que son su modo de expresar lo que piensa o siente. El objetivo de sus canciones es expresarse, le hacen sentir libre. También le gusta pensar que con ellas la gente ve una solución a los problemas y es capaz de reflexionar sobre ello. «Creo que mis letras aportan esperanza y eso siempre es algo bonito.»

La música y, en este caso, el rap, pueden servir para ayudar a la gente y hacerla más feliz. Martín consigue romper dos estereotipos: tiene un gran mérito porque destruye la concepción de que el rap es un género en el que solo se puede hablar de drogas, delincuencia e insultos y, además, demuestra cómo los mayas han sabido adaptarse a las circunstancias evitando aislarse del resto de mexicanos. Porque, en general, los seres humanos tenemos mucho en común.

Yucatán

Uxmal: ciudad de leyendas

Marc Lloveras

Una noche con luna llena unas siluetas que vestían túnicas blancas cruzaron el Cuadrángulo de las Monjas mientras hacían cánticos en voz baja y atravesaban el arco que lleva hacia el Palacio del Gobernador. Este es el testimonio de Jorge, el guía que realiza la ruta por la ciudad precolombina de Uxmal, Patrimonio de la Humanidad. Nadie creyó su historia cuando era pequeño, pero su interés por la cultura maya no hizo más que aumentar tras esa experiencia.

Sea cierto o falso, tanto la historia maya como la ciudad de Uxmal está rodeada por un halo místico y religioso que ha generado leyendas de todo tipo. Sin ir más lejos, algunos afirman que el meteorito que exterminó hace millones de años a los dinosaurios cayó en Yucatán, y de ahí emergió del mar la Península y se crearon los cenotes.

Sin embargo, la leyenda más conocida es la del enano de Uxmal. En la casa de la hechicera vivía su hijo enano (*alux* en maya) y la madre escondía un símbolo de oro bajo las cenizas de la cocina. Un día, el enano distrajo a su madre, perforó el cántaro de agua y cogió el oro de las cenizas mientras tanto. El oro se le cayó al suelo e hizo tal estruendo que el gobernador lo escuchó. Resulta que quien poseyera el símbolo dorado tenía derecho a convertirse en gobernador. A este no le gustó la idea de que el enano le arrebatara el poder e ideó una serie de pruebas.

La primera consistía en contar cuántos frutos tenía un árbol; la segunda, en construir el mayor templo que se hubiera visto en la zona, y la tercera, en sobrevivir a un golpe de dátil en la cabeza. Con la ayuda de su madre y unos murciélagos superó la primera prueba; la segunda la logró construyendo la actual pirámide ovalada de Uxmal en tan solo una noche, y pasó la tercera colocándose un protector bajo el cuero cabelludo. El gobernador no tuvo tanta suerte y se rompió el cráneo en la última prueba. Así el pueblo proclamó al enano como nuevo gobernador de Uxmal.

La magia de Uxmal envuelve toda la región de la ruta Puuc. Sus historias, monumentos y leyendas consiguen abducir a cualquiera. La ruta mágica entre Uxmal y Kabah se extiende por 149 kilómetros repletos de magia, misterio y leyendas.

Yucatán

El maya y el euskera, más similitudes que diferencias

Helene Pardo

La lengua es un medio de producción y transmisión cultural y uno de los rasgos identitarios de un individuo, un grupo o una nación. El idioma no es solamente un sistema de signos útiles para la comunicación, sino que también constituye una red en la que están preservadas las formas más entrañables de vida y pensamiento. Es difícil concebir el desarrollo de una identidad nacional sin su propia lengua. La comunidad maya va ligada a su idioma tanto como lo está el País Vasco con el euskera.

Sin embargo, los dos pueblos tuvieron la necesidad de desarrollar planes de normalización y crecimiento, por no decir rescate, después de asimilar la situación de peligro de desaparición que corrían. Ya fuera por el predominio de otro idioma (el español a ambos lados del Atlántico, curiosamente) o por imposiciones estatales, el número de habitantes disminuyó y las alarmas saltaron.

Los organismos públicos crearon nuevas instituciones para el seguimiento y fomento de proyectos, como el Subcomité de Cultura y Etnia Maya y el Instituto para el Desarrollo de Cultura Maya en México, y Euskararen Gizarte Erakundeen Kontsailua y Alfabetatze Euskalduntze Koordinakundea en Euskal Herria. Estos organismos fueron y siguen siendo muy necesarios, pero deben estar acompañados de la normalización del léxico, de los sistemas de escritura y de la unificación de dialectos. En el País Vasco, la Euskaltzaindia (RAE vasca) es la entidad encargada de actualizar el *batua,* amalgama de distintos euskeras y préstamos.

Construir el cambio por los cimientos es la vía más racional y funcional, por lo que en Euskadi se implantaron varios modelos de enseñanza. Destaca el modelo D, en las denominadas *ikastolas,* donde imparten todas las asignaturas en euskera. Por su parte, el Estado de Yucatán optó por que el estudiar maya fuera opcional y otorgó a los colegios el poder de autogestión. Actualmente, se enseña maya en 560 escuelas de educación indígena, a las que asisten 33.000 alumnos. «La normalización de la lengua maya tendrá que ir acompañada de una mayor producción de libros, de la construcción de espacios públicos para que sean leídos y, muy especialmente, del respeto a este idioma», afirmó Ivonne Ortega Pacheco, la que fuera gobernadora en el 2007. Ivonne también sostuvo que, respecto al maya, existe una deuda histórica que exige esfuerzo y compromiso.

Al hilo del compromiso, al otro lado de la burocracia y las políticas, el pueblo es el último responsable de dar soporte y apoyar la causa. Los gobiernos de los tan distintos territorios coincidieron en no dejar de lado la concienciación social y, gracias a ello, los ciudadanos se implican diariamente. Tanto que los hablantes de las respectivas lenguas han crecido exponencialmente y se han conseguido eliminar estigmas sociales. Por poner algunos ejemplos de iniciativas ciudadanas, en Euskadi se celebra este año el Euskaraldia, en el que los vascos hacen el esfuerzo de comunicarse en euskera todo lo posible durante once días, o el proyecto Mayatic en la comunidad maya de Tihosuco. Marco Antonio Poot Icahut, coordinador del pequeño grupo de jóvenes con aspiraciones periodísticas y audiovisuales, decía: «El primer y más importante requisito para poder participar en Mayatic es hablar maya, ya que ese es el producto final que queremos que llegue a la gente a través de nuestros vídeos».

En definitiva, la sociedad debería concebir el idioma como un privilegio, un rasgo identitario que cuidar y preservar. Las instituciones deben concienciarse de cuidar, fundamentalmente, aquellas lenguas minoritarias. Y la sociedad civil, por su parte, debe implicarse en su uso, ya que una lengua no se pierde porque no se sepa hablar, desaparece porque quien sabe hablarla no lo hace.

Irán

Detrás del velo islámico

Mireia Márquez, Mireia Capdevila, Mariona Grau, Laura Serrat

Cada vez son más las mujeres iraníes que protestan en contra del uso obligatorio del velo. La última vez fue el 8 de marzo del 2019, con poca fortuna, cuando 29 de ellas fueron detenidas por quitarse el velo en una vía pública de Teherán. La razón que les llevó a esto: están cansadas de que el gobierno les diga qué deben hacer con su cuerpo. La iniciativa iba vinculada a la campaña Miércoles Blancos, en la que muchas mujeres publican fotografías en Instagram vestidas de blanco y sin velo en señal de protesta.

Que las mujeres islámicas usen el velo es una costumbre que adoptó la religión musulmana desde la Revolución Islámica para todas las féminas y estas deben seguirla sin excepción. El Corán, en este ámbito, establece que las mujeres musulmanas deben vestir de manera modesta. Por otro lado, y aunque el Corán no especifica cómo deben practicarse dichas directrices, la mayoría de los sistemas jurídicos islámicos defienden que esta vestimenta modesta debe cubrir todo el cuerpo en público, excepto cara y manos.

Existen distintos tipos de velo. En primer lugar, es necesario destacar que el término *hiyab* significa «cobertura» o «vestimenta que tape», así mismo es como los musulmanes se refieren a la norma de cubrir el cuerpo de las mujeres.

Por lo tanto, podemos señalar que el hiyab no es un tipo de velo, sino una norma que adopta distintas formas en función de la sociopolítica del lugar donde se adopta. También es remarcable, como hemos señalado antes, que ni el Corán ni ninguna otra ley especifica el tipo de velo que la mujer musulmana debe vestir. Por otro lado, el Corán especifica que la mejor manera de que las mujeres sean reconocidas y no molestadas es que «se ciñan a sus velos». Por esta razón, la religión musulmana considera que es importante que se vista el velo islámico como elemento favorable a la protección y la defensa de la mujer.

Por otro lado, es necesario destacar que diferenciamos aquellos velos islámicos integrales, que cubren todo el cuerpo, de aquellos que solo cubren la cabeza o el cuello. En este último ámbito se encuentran la Shayla, el Hiyab y la Al-Amira.

El Al-Amira es un velo que cubre toda la cabeza y el cuello con dos piezas. La primera de ellas se ajusta al contorno de la cara y la segunda sería un pañuelo que recubre la primera pieza. Debido a su dificultad para que se mantenga en su lugar suele ser utilizado por las musulmanas más jóvenes. En segundo lugar, podemos hablar del Hiyab, que, si atendemos a la definición que se le otorga en los países occidentales, podemos hablar del pañuelo que cubre el pelo y el cuello, dejando la cara al descubierto. En este caso la mujer tendría libertad para decidir sus colores y dibujos. El último tipo de velo de esta categoría sería la Shayla, un pañuelo largo y rectangular popularizado en la región del Golfo. Este se enrolla al cuello y se engancha a la altura de los hombros.

Por otro lado, nos encontramos aquellos tipos de velos que cubren todo el cuerpo. En este caso podemos destacar el Burka, el Nekab y el Chador. El Burka, originario de Afganistán y Pakistán, es uno de los tipos de velos que más polémica ha concitado en las sociedades occidentales. Se trata de un atuendo azulado que cubre la cara y el cuerpo, dejando una rejilla en los ojos. El Nekab o Niqab proviene de la rama wahhabí del islam, una de las más radicales, con arraigo en Arabia Saudí. Este velo cubre la totalidad de la cara, salvo por una pequeña apertura para los ojos. El último tipo de velo de esta categoría sería el Chador. Es una tela semicircular que la mujer musulmana envuelve desde la cabeza, cubre todo el cuerpo y se sostiene sin ganchos gracias a pliegues desde el cuello, dejando que se vea la cara. Su color habitual es el negro; sin embargo, cuando su uso se limita a la casa o a la mezquita, puede ser más colorido.

En 1921 el soldado Reza Khan da un golpe de Estado en Irán apoyado por los ingleses, pero no es hasta cuatro años después que es nombrado Sha de Persia por la Asamblea Constitucional del país, fundando así la última dinastía monárquica: la dinastía Pahlevi. Reza Khan tenía el objetivo de modernizar y occidentalizar el país. Con vistas a este fin, sumándole al hecho de que no era un hombre creyente, tomó muchas medidas en contra de los musulmanes, y entre ellas prohibió a las mujeres llevar el Chador. Así, pues, las mujeres que quisieran llevar el tipo de velo chador solo lo podían hacer en casa.

Esta situación duró hasta 1941, cuando debido a que Reza Khan había manifestado su apoyo al Partido Nacional Socialista Alemán, los ingleses y los rusos atacaron Irán. Ante tal situación, 15 divisiones del ejército del Sha se rindieron sin oponer resistencia. Esto hizo que los ingleses tuvieran suficiente fuerza para obligar al Sha a abdicar y ceder el trono a su hijo Mohammed Reza Pahlevi. Este se mostraba más permisivo y flexible respecto al islam: dio más espacio a los religiosos y las mujeres podían vestir más libremente. Aun así, con el nuevo Sha se perpetuó un régimen dictatorial, e incluso en los últimos años de su reinado se incrementó con algunas de las medidas del Sha: la creación de la Savak y el fracaso de la Revolución Blanca.

El descontento general, tanto nacional como internacional, se incrementaba. En los años 70 las manifestaciones se hacían cada vez más frecuentes y la represión cada vez más brutal, generando un fuerte movimiento revolucionario. Los revolucionarios pedían libertad, democracia, el derrocamiento del Sha y la declaración de la república. Para conseguir este fin se unieron personas de toda clase de ideologías: desde chiítas fundamentalistas hasta demócratas liberales de corte ilustrado, pasando por comunistas y anarquistas. Finalmente, en 1979, Reza Pahlevi abandona el país debido a las constantes revueltas y presiones contra el Sha.

Después de la revolución iraní, los diferentes grupos ideológicos que lucharon contra el Sha intentaron establecerse en el poder. Eran tiempos de confusión y caos, momento que aprovechó Iraq para atacar el país. Durante ese período se desató una lucha entre los musulmanes fundamentalistas, los cuales eran seguidores de Jomenei y querían como representante del país a Beheshti, y los demócratas liberales, seguidores del expresidente Mossadegh que querían a Bani Sadr. Finalmente, durante los ocho años que duró la guerra contra Iraq, la facción religiosa consiguió infiltrarse en las redes del poder como un pulpo. Debido a esto, cuando las aguas se calmaron, se instauró la República Islámica de Irán. Cuando eso sucedió, todos aquellos revolucionarios de otras ideologías que lucharon contra el Sha fueron perseguidos, encarcelados y asesinados.

El nuevo régimen teocrático impulsó por ley la obligación de llevar velo. Sin embargo, en los últimos años la situación ha ido progresivamente cambiando. En un principio las mujeres vestían siempre con el Chador y el Hiyab sin que se les viera ni un solo pelo, pero, poco a poco, la situación se fue flexibilizando y las mujeres han ido echándose el pelo cada vez más atrás, dejando al descubierto gran parte de su cabellera.

La forma de vivir la imposición del velo es diferente en cada una de las mujeres iraníes. Hay chicas que se visten con Hiyab, otras que se recogen el velo con un lazo y algunas que deciden cubrir su cuerpo con un chador. En los pueblos rurales de Irán se observan pañuelos que esconden toda la melena, mientras que en las ciudades se ven más pañuelos a punto de caerse. No solo son distintos los modos de enlazar el velo en el pelo, sino también las opiniones de cada una respecto a la obligatoriedad de llevarlo. Las mujeres jóvenes entrevistadas en este reportaje se muestran en contra de la ley arbitraria sobre el velo y afirman que cubrirse el pelo debería ser una decisión individual. Pero también existen formas de pensar contrarias que consideran que el pañuelo es un elemento de protección para la mujer y critican a las personas que se lo quitan en la calle para protestar.

Fairuza y Roshni son dos chicas que rondan los veinte años y pasean por la ciudad de Shiraz. Tienen una visión crítica sobre la imposición del velo. Se muestran enojadas con las leyes que establecen cuál debe ser la vestimenta femenina. Explican que buscan rincones donde puedan desmelenarse y «sentir un poco de libertad». Hablan sin complejos de su postura; sin embargo, evitan dar detalles y su mirada muestra cierta incomodidad con la conversación.

En la misma línea, Mitra, que trabaja como guía turística y es licenciada en Magisterio y Literatura Francesa, denuncia la arbitrariedad de la ley. «No me gusta el velo, solo lo llevo por obligación del país», afirma. Cuenta que asiste a fiestas privadas en casas de amigos y allí puede quitarse el pañuelo. Para demostrarlo, enseña fotografías guardadas en su móvil donde muestra su melena castaña y sus piernas con minifaldas.

«Luchar contra la imposición es demasiado difícil y arriesgado», afirma Fátima mientras pasea por el bazar de Yazd. Considera que es absurdo definir una forma de vestir igual para todas las mujeres. Tiene la esperanza de que, en un futuro, las limitaciones de libertad del país empiecen a abrirse. «Solo un cambio de rumbo político ayudaría a mejorar la situación actual», apunta Bahar, una chica iraní que vive en Barcelona. Durante su día a día en la ciudad condal, lleva el pelo al aire, pero cuando visita su familia en Irán se cubre la cabeza con el pañuelo. Destaca que, aproximadamente, un 70 % de las mujeres se quitarían el velo si este gesto no implicara prisión.

Explica que antes de Jomeini las mujeres decidían por sí mismas si llevarlo o no, mientras que ahora se trata de una imposición, «eso genera un mayor rechazo al velo islámico».

Sin embargo, hay mujeres iraníes que se sienten cómodas con el velo, ya que lo consideran un elemento que forma parte de su identidad. Faeze es una adolescente de 16 años que vive en Shiraz. Utiliza un pañuelo como Hiyab y viste con un manto que le cubre el cuerpo. Se siente bien con esta forma de vestir y asegura que sin esta ropa los hombres la mirarían demasiado y se sentiría incómoda. Considera que el uso del velo islámico debería ser una decisión personal y afirma que llevar el pelo cubierto en contra de la propia voluntad es duro. Expone que en una misma familia puede haber visiones distintas sobre este asunto. «Mi madre y yo tenemos una opinión más favorable a la ley, pero mi hermana piensa lo contrario», explica.

Existen formas de pensar que coinciden con la obligatoriedad de llevar el velo y consideran que las personas que intentan derogar la ley son enemigas. Zahra tiene 37 años y vive con su familia en Maymand. Nació en Kermán, pero al casarse con su marido se mudó al hogar construido dentro de una cueva que él heredó de su familia. Para ella, el velo islámico no es una imposición y remarca que la mayoría de las mujeres están a favor de llevarlo. Subraya que las reivindicativas que detuvieron en marzo por quitarse el velo en público «son las enemigas del país». Espera que el Hiyab y los demás velos persistan a lo largo del tiempo. Un hombre que trabaja como guía turístico en Isfahán, Jahan, comparte la misma postura. Se muestra a favor de la imposición del pañuelo como herramienta de protección para las mujeres. Para defender su posición hace una analogía: «El hombre sería como un gato y la mujer como un trozo de carne; si la carne no se protege inevitablemente el gato irá a por ella».

La única opción posible ante la imposición del velo es el cambio de legislación. Para ello sería necesario un acuerdo entre los distintos grupos representados en la Asamblea Consultiva Islámica, hecho difícil de conseguir debido a que la mayoría de la cámara está ocupada por los partidos más conservadores. Según Bahar, con el gobierno actual el cambio no es posible, y tal como explica Said, guía turístico de hispanohablantes, sería necesario que cayera el régimen o que muriera el líder supremo de Irán, Alí Jamenei. Said también piensa que, si el número de manifestaciones contra la imposición del Hiyab sigue creciendo, tal como ocurre desde el pasado diciembre del 2017, finalmente el Gobierno no tendrá más opciones que ceder ante las protestas.

Siguiendo con esta perspectiva, Alí, que trabaja también como guía turístico, añade que el hecho de que las mujeres iraníes lleven el velo cada vez más hacia atrás es una muestra de que la ley acabará cambiando. Para él es solo cuestión de tiempo para que la ley caiga por su propio peso «porque es imposible detener el avance de la sociedad». Una prueba de ello es que cada vez son más las mujeres iraníes que se unen a movimientos feministas que reivindican la libertad de elección, como los llamados «miércoles blancos».

Otra posibilidad, como explica Faeze, es que en lugar de derogar la ley esta cambie en algunos aspectos para así tratar de adaptarse a la realidad social actual. En este sentido, se podría aplicar solo a la gente local o bien a determinados contextos o provincias, hecho que difícilmente solucionaría la controversia que existe respecto a la obligatoriedad del velo islámico.

Así, pues, habrá que esperar a ver cómo actúa el Gobierno iraní frente a las demandas que las mujeres del país y organizaciones supranacionales como Amnistía Internacional reclaman cada vez con mayor fuerza. ¿Aceptarán reformar la ley los dirigentes actuales o habrá que esperar a un cambio de Gobierno o a la caída del líder supremo?

Egipto

La desaparición de los brazos del Nilo

Ainhoa Campaña

El delta del Nilo ha perdido en las últimas cuatro décadas cinco de los siete brazos que desembocan en el mar Mediterráneo. Rosetta y Damieta son ahora los únicos encargados de verter su agua.

Debido a la construcción de la gran presa de Asuán, este paraje natural corre el peligro de desaparecer, ya que los sedimentos que arrastra se quedan estancados en el lado contrario a la desembocadura. De esta manera, las tierras cosechadas a orillas del Nilo son cada vez menos fértiles. Esta construcción, de más de tres mil metros de longitud, supuso el cambio para los ciudadanos egipcios porque terminó con las inundaciones causadas por las crecidas del río. Pero, a largo plazo, está provocando serios daños a su principal fuente de recursos.

El cambio climático también es un riesgo importante para este delta. A pesar de ser uno de los más grandes del mundo, durante los últimos años el agua salada ya ha invadido setenta kilómetros del total de su superficie. Hecho que está provocando la desaparición de los peces en la zona.

Con esta situación, el Gobierno ha desarrollado un plan alternativo para los habitantes de la región. El proyecto Toshka pretende crear un canal subterráneo que desvíe agua del Nilo hacia zonas del desierto para que, de esta manera, se obtenga un río paralelo que permita crear asentamientos en zonas antes deshabitadas, según informa el egiptólogo David Rull. Aunque él mismo explica que la iniciativa tiene dos grandes inconvenientes. El primero hace referencia a la utilización de fertilizantes artificiales debido a la falta de nutrientes del agua desviada. Pero el más importante es que las tierras desérticas no están preparadas para ser cultivadas y, con el paso de los años, se irán salinizando hasta convertirlas en inservibles.

Egipto

Vendedores flotantes.
Los malabaristas del Nilo

Lola Surribas

Esna. Mitad del Nilo. Interior de un crucero y una *galabeya* blanca que llama mi atención. Un joven aguanta su equilibro sobre una pequeña barca que une al crucero con una cuerda a modo de cordón umbilical. Su finalidad: obtener el dinero necesario para nutrirse.

Los barcos turísticos que recorren Egipto surcando un Nilo en proceso de desaparición son la fuente económica de los vendedores ambulantes, que se aferran a nuestro medio de transporte. Desde la proa, los turistas observan como cuatro barcas quieren llamar su atención. Los vendedores les interpelan y, haciendo malabares, lanzan manteles, alfombras o toallas en bolsas transparentes. Su propósito, que los turistas puedan ver los productos y comprobar su calidad. Principalmente, son tejidos de algodón, producto colonial por excelencia.

Mientras fotografío, una bolsa apunta mi objetivo, pero con tan buena suerte para mí, y tal vez mala para el vendedor, que choca contra la ventana de mi camarote. El impacto me desvela que la bolsa transparente no solamente contiene tejido. Los vendedores flotantes añaden un bote para que el turista ponga precio al tejido y coloque un billete en su interior, esperando que sea de la cantidad más alta posible. Los turistas deben tirar de nuevo la bolsa e intentar que caiga dentro de la barquita, como si de una canasta de los hermanos Gasol se tratara.

Nos acompañan todo el viaje, como lo hace el sol. En la cafetería escucho: «Qué pena que tengan que recurrir a esto». Me planteo si realmente es una pena o si para ellos es simplemente su local, edificado sobre las olas. Los precios de los locales en Luxor suelen ser demasiado altos, así que los vendedores deciden acompañar a los turistas durante dos horas, en su trayecto desde Esna, donde antiguamente atracaban los cruceros.

Antes de acabar de inmortalizar el momento a través del objetivo, escucho a mis vecinos de camarote quejarse. Querían descansar, supongo. Les molestaban las técnicas de marketing de los vendedores que gritaban las características de sus tejidos. No sé si deberían quejarse. A fin de cuentas, pueden comprar desde el sofá de su habitación sin necesidad de salir del camarote.

Etiopía

Aprender en movimiento
Viajar para comprender, para aprender

Nàstia Mas

El viaje es imprescindible para todo ser humano. Necesita salir de la zona de confort, pisar otros terrenos y conocer lugares, culturas, maneras de vivir, quehaceres… Ir de un lugar a otro para abrir la mente y reflexionar. Así, pues, si para una persona cualquiera es sumamente importante realizar estos peregrinajes, para un futuro periodista o comunicador, aún más. Y la Expedición Tahina-Can va sobre esto. Sobre aprender. Sobre viajar. Sobre aprender a viajar.

Imagínese un infante que se queda en una habitación durante su periodo de crecimiento. La primera vez que salga al exterior verá borroso. Su visión será nula y tampoco sabrá socializar ni desarrollarse. Se encontrará en un mar de *inputs*. Es algo así como el mito de la caverna de Platón. Las aulas son un buen mecanismo para aprender las bases del periodismo y de la comunicación. Un buen lugar para conocer los códigos deontológicos, las normas de escritura, de locución, de edición, etcétera. Para aprender, digamos, la parte teórica.
Hay un ingrediente básico en la figura de un comunicador o periodista: la mirada. Esta se aprende leyendo y consultando otras piezas periodísticas. Ahora bien, se consolida, sobre todo, sobre el terreno. La Expedición Tahina-Can, justamente, promueve este aprendizaje. Permite a un grupo de alumnos viajar a otro país durante un periodo aproximado de diez días. Durante la estancia, los

estudiantes elaboran reportajes, noticias, crónicas… en formato prensa o audiovisual. También, realizan la comunicación de las redes sociales. Para ello, van acompañados de otros periodistas y profesores que les sirven de guía. Estos días les permiten tener un —primer— contacto con el mundo exterior desde la perspectiva periodística. Estar en el terreno, hablar con locales, ver, escuchar. Esto es Tahina-Can: una escuela de periodismo.

Por todo ello, tuve la oportunidad de estar en Tahina-Can Etiopía, en el 2023. Fuimos por los poblados cercanos al río Omo y visitamos sus etnias y tribus: los hamer, los dassanech, los konso… Nos abrieron las puertas de sus casas y nos enseñaron su manera de vivir, sus costumbres, sus celebraciones, su día a día. Después, lo explicábamos a través de nuestro soporte de trabajo: la escritura, el audiovisual y la fotografía. Nos reuníamos, decidíamos los temas del día, pasábamos los trabajos a los profesores para que hiciesen el trabajo de edición.

La Expedición Tahina-Can es —y será— un proyecto único. Una escuela con tantas aulas como lugares existen.

Uganda

Uganda, tierra de movimiento

Lola Surribas

Cuando el sol sale en Uganda ilumina los verdes paisajes de la perla de África. En ocasiones, en la sabana se pueden identificar palmeras que decoran la escena. «El árbol llega de Sudán», cuenta Rafa Martín, cofundador y director de Rift Valley, agencia de viajes experta en viajes largos a África.

La presencia de la palmera en territorio ugandés se explica por la migración de los elefantes. Los animales «hacen el recorrido desde Sudán hacia Uganda en busca de comida, sus heces contienen semillas y, de ahí, nacen las palmeras», explica Martín, y añade que este proceso «forma parte del tránsito de los elefantes. Del propio movimiento de la naturaleza».

Más allá de definiciones técnicas, por migración se entiende un desplazamiento o un movimiento. Un viaje.

Uganda, «el paraíso de los refugiados»

Uganda, según la Agencia la ONU para los Refugiados (ACNUR), es el país que acoge a más personas refugiadas y solicitantes de asilo de África.

Los datos de la Organización Internacional para las Migraciones (OIM) muestran que, en el 2022, la región recibió 397.600 personas migrantes de República Democrática del Congo, un país azotado por una crisis humanitaria derivada de la histórica explotación de sus recursos naturales. Casi 1,7 millones de personas provenientes de lugares como Burundi, República Democrática del Congo y Sudán del Sur, envuelta en una guerra civil, buscan asilo en Uganda, y cada semana llegan al país unas dos mil quinientas personas. Ya algunos documentales como *Uganda, el país de los refugiados* se han encargado de describir el territorio como «el paraíso de las personas que solicitan asilo».

Acerca de la migración

Las palmeras en la sabana están integradas en el paisaje. Lo enriquecen y lo adornan. Las personas que se embarcan en el movimiento migratorio, dice la OIM, aportan múltiples beneficios al país de destino «si se gestiona correctamente». «La migración puede propiciar un aumento de la tasa de crecimiento del PIB o el incremento de la productividad y de la expansión de los beneficios indirectos de las remesas para los países de origen», sostiene la organización.

De hecho, algunos expertos hablan de la interculturalidad como un elemento para favorecer la integración. En artículos como «Migración: reconocer y valorar la interculturalidad» se recalca que es fundamental «contribuir desde el ámbito de la educación para poner en valor la interculturalidad como un aspecto distintivo de la sociedad».

Una política para refugiados «ejemplar»

Las personas solicitantes de asilo cuentan con esta condición porque necesitan protección internacional frente a aspectos como, por ejemplo, «persecuciones, guerras, violaciones de derechos humanos…», subraya ACNUR.

En Uganda, la política para refugiados es «ejemplar». El documental *Uganda, el paraíso de los refugiados* sostiene lo anterior. El país «permite a las personas que llegan hasta la región instalarse en una parcela de tierra. Cada familia obtiene una para construir una casa y cultivar la tierra», pero la propiedad pertenece al Estado ugandés.

Según ACNUR, las políticas migratorias del país, que incluyen el acceso a servicios sociales como sanidad y educación, posicionan a Uganda «a la vanguardia de la asistencia a la población refugiada».

Sin embargo, desde la propia institución alertan que esto puede verse alterado por la constante llegada de personas migrantes a la región: «La continua afluencia de personas refugiadas, combinada con la escasez de fondos, ejerce una importante presión sobre los servicios de protección y asistencia que se prestan a los refugiados y a las comunidades que los acogen, lo que pone en peligro el sólido régimen de protección y el modelo de respuesta a los refugiados de Uganda».

El movimiento humano

La migración, además de ser proporcional a los problemas que hay en el mundo, es un derecho recogido en la Declaración Universal de Derechos Humanos. Dice Alan Gratz en su libro *Refugiado* que las personas refugiadas viven tres vidas: «La primera transcurre escapando de los horrores de aquello que los ha expulsado de sus hogares; la segunda es la búsqueda de refugio y la tercera, cuando consiguen sobrevivir al viaje hacia la libertad, es empezar de cero en otro país».

Al igual que los elefantes, las personas se mueven de manera constante. En el 2020, según los datos de Naciones Unidas, eran 281 millones de personas las que vivían fuera de su país natal. El movimiento es innato al ser humano. El filósofo griego Heráclito de Éfeso argumentó que el cambio, al igual que el movimiento, «es la única constante». Detener eso, por lo tanto, implicaría detener el propio curso natural de la vida.

Uganda

El guía que soñaba con ser fontanero

Júlia Álvarez

Patrick, natural de Bunyangabu, sube con mucha agilidad por la cuesta de Kyeganywa, montaña situada en el distrito de Kabarole, cerca de la ciudad de Fort Portal. Es guía turístico aquí. Con sus pasos, traza un camino de referencia para los turistas. Elige el menos costoso y menos resbaladizo. También les ofrece pegarse a su espalda para, en caso de caída, tener donde apoyarse.

El camino que recorre no es lineal. Tampoco lo fue el que le hizo llegar a ser guía turístico. En su infancia, Patrick se levantaba a las 6.30 horas para ir caminando a la escuela, que se encontraba a 15 kilómetros de su casa. En esa época, un acontecimiento inesperado tuvo lugar: sus dos cerdos criados en casa, que eran para él «sus amigos», se tenían que sacrificar. Patrick no quiso tener que vivir eso y optó por venderlos. Su madre invirtió el dinero recaudado en sus estudios. Por aquellos tiempos, él soñaba con formarse en fontanería.

Cuando terminó la escolarización obligatoria, se dio cuenta de que no podía permitirse apuntarse a los estudios que siempre había querido. En lugar de ello, optó por apuntarse a un curso de albañil.

Un día, mirando la montaña Kyeganywa, se fijó en los guías turísticos que había por la zona y preguntó cómo podía trabajar con ellos. Un hombre se ofreció a enseñarle a cambio de comida, un colchón y algo de dinero. Inició su experiencia como guía, e inesperadamente, dos semanas después, el hombre desapareció. Patrick se sintió profundamente decepcionado. Tuvo que dejar a medias el curso de albañil, ya que no tenía como seguir pagando. Posteriormente, se acabó la comida.

Viéndose en estas circunstancias, tuvo que usar un árbol de guayaba como único alimento. El amo del terreno, que descubrió las malas condiciones en las que habitaba Patrick, se acercó. Le propuso trabajar para él. El dueño le pagó los estudios y Patrick se graduó como constructor y lampista.

Cuando finalizó su formación, encontró un terreno muy grande y avisó a dos amigos para cultivarlo y usarlo como fuente de ingresos. Al ver que no le salía rentable y que su madre tenía que apoyarlo económicamente para continuar el proyecto, decidió dejarlo.

Parecía que el destino de Patrick estaba en Kyeganywa. Por tercera vez, volvió a trabajar de guía turístico y hasta hoy sigue haciéndolo. Mientras acompaña a los visitantes a ver las cuevas de Amabere Ga Nyina Mwiru, explica que está muy satisfecho con su trabajo. Su ambición, sin embargo, no se detiene ahí. La fontanería se quedó en un deseo del pasado. Actualmente, sueña con tener una granja propia y compaginarlo con el trabajo turístico. Asimismo, nunca ha salido de Uganda y le encantaría poder ser, también, turista algún día.

Uganda

Las toponimias colonialistas en Uganda

Clàudia Corbella

La colonización europea en África dejó una marca indeleble en muchos aspectos de la vida del continente, desde la política y la economía hasta la cultura y la geografía. Detrás de la toponimia de Uganda, se asoman reductos colonialistas que reflejan imposiciones occidentales en torno a las maravillas naturales que distinguen al país.

Las Cascadas de Murchison, situadas en el Parque Nacional del mismo nombre, fueron consagradas a Roderick Murchison, geólogo proveniente de la Gran Bretaña del siglo XIX. «Descubiertas» por el explorador británico Samuel Baker en 1864, estas cascadas fueron nombradas en honor al británico para reconocer sus contribuciones en el campo de la geología.

Por otro lado, el lago Victoria, el segundo lago más grande de África y donde, según la huella del explorador británico John Hanning Speke, nace el río Nilo, fue (re)nombrado para rendirle homenaje en 1858. Speke, cuyo objetivo era descifrar uno de los grandes enigmas geográficos de su tiempo, decidió rebautizar el lago –antes conocido como Nyanza– para honrar a la reina Victoria del Reino Unido. Sin embargo, el lago recibe también nombres indígenas procedentes de los grupos étnicos que viven alrededor, como Nalubaale, Nyanza, Ukerewe y Lolwe.

La misma situación se repite en el lago Alberto, que simboliza la frontera occidental con el Congo. Financiado también por la Royal

Geographical Society, Samuel y Florence Baker emprendieron una expedición para encontrar las fuentes del río Nilo. En 1864, el matrimonio encontró el lago entonces llamado Luta Nzitge, otra fuente primaria del Nilo Blanco, y fue rebautizado con el nombre del esposo de la reina Victoria: Alberto.

Esta práctica no solo subraya la tendencia de los exploradores europeos a imponer nombres británicos en territorios descubiertos, sino que también demuestra cómo los topónimos heredados son una extensión del dominio colonial y han sido una forma de perpetuar su presencia y legado en el continente africano.

Tal circunstancia eclipsa el patrimonio cultural e histórico de los ugandeses. En este contexto, hay un creciente sentimiento de reclamación y deseo de recuperar los nombres indígenas que reflejan la identidad y la historia local. En la última década, la iniciativa de cambiar el nombre del lago Victoria ha tomado gran fuerza. Para muchos movimientos anticolonialistas, el cambio es urgente, puesto que la reina Victoria fue una de las principales defensoras de la esclavitud durante su mandato. Miembros de la Asamblea Legislativa de África Oriental proponen una palabra *swahili* –el idioma alternativo al inglés– para renombrar lago: Jumiya, concepto que responde a unión, integración, armonía y fraternidad.

Estas iniciativas, focalizadas en algunos sectores de las sociedades ugandesas, tanzanas y kenianas, buscan desafiar y reformar nombres coloniales que aún persisten, buscando la promoción de una identidad africana alejada de los hitos y las figuras del colonialismo.

Sesenta y dos años después de la independencia del protectorado británico en 1962, la eliminación de la iconografía colonial y la corrección de nombres de calles, monumentos y otros emplazamientos, supone la defensa de los derechos y las libertades fundamentales y rememora la lucha por la autodeterminación de los pueblos africanos.

Uganda

El lugar más alejado del mundo

Adrià Roque González

La lluvia en Uganda siempre cala hasta los huesos. Y te resguardas –si es que lo consigues– y aun así encuentra formas para empaparte entero.

La lluvia en Uganda siempre cala hasta los huesos. Y huele a café, a plátanos y a olvido, y recorre sus calles en busca de huecos en los que colarse hasta los recodos más profundos del colonialismo.

La lluvia en Uganda siempre cala hasta los huesos. Y cae del cielo en inglés, resonando en las ventanas de casas que nunca las han tenido y en las iglesias de religiones que los blancos impusimos.

La lluvia en Uganda siempre cala hasta los huesos. Rocía la sabana, que siempre se hace camino, y nutre los cafetales, las plantaciones y los papiros –la planta que permitió la escritura–, que ahora solo encuentras en escasas orillas del Nilo.

La lluvia en Uganda siempre cala hasta los huesos. Y en la tromba trae con ella la concesión de mirar a su gente, a sus ancianos y a sus niños, y permite ver que no somos tan distintos. Que todos miramos igual y se nos achinan los ojos cuando nos reímos, que todos jugamos cuando somos críos, que nos peleamos por los cromos y nos enfadamos sin motivo.

La lluvia en Uganda siempre cala hasta los huesos. Sus techos de uralita no protegen del agua ni del frío, ni unas chanclas desgastadas hacen fácil un camino en el puesto 163 del mundo con la pobreza como abrigo.

La lluvia en Uganda siempre cala hasta los huesos. Y mientras llueve, la gente sigue buscando el lugar más alejado del mundo en los libros. ¿Una isla en Oceanía o el Punto Nemo en el Pacífico? Quizá una aldea ugandesa con un desnivel sin sentido. Lo que no sabe la gente, y la lluvia de Uganda trae consigo, es que el lugar más alejado del mundo siempre somos nosotros mismos.

Escriben nuestros expedicionari@s
Destellos tahinos

A continuación, se presenta una selección de reflexiones de expedicionarios de diferentes ediciones del proyecto. Definen con palabras y un breve pensamiento qué representa para ellos la Expedición Tahina-Can.

Miradas, serendipias, autodescubrimiento

Descubrir la magia de viajar a través de las personas, las culturas y las realidades de quienes habitan esos lugares.

Adrià Roque González

Familia, inspirador y libertad

Para mí Tahina-Can es familia, es casa.
Tahina es sinónimo de aventura, libertad, conocimiento e inspiración. Tahina es explorar el mundo y sentirte parte de él.

Júlia Cussó Melero

Magia, descubrimiento, periodismo

Tahina-Can ha sido para mí una experiencia profundamente transformadora, tanto a nivel profesional como personal.

Abel García Morell

Enriquecedor, mágico e inolvidable

Sin duda, la mejor experiencia de mi vida.

Marina Borràs Isnardo

Aprendizaje, aventura, unión

*La experiencia con Tahina-Can ha supuesto
una reconciliación con el periodismo y conmigo misma.
Durante la expedición aprendí que siempre existe
un nuevo camino para llegar al lugar que deseas.*

Alexandra Socorro Alonso

Aprendizaje, solidaridad y compromiso

*Tahina me ha enseñado a ver cosas que no veía, a conocer,
aprender y desaprender, valorar, querer, vivir y emocionarme
como pocas veces en mi vida.
Sin duda, Tahina es una nueva familia escogida.
Visca Tahina-Can!*

Raül Girona Roman

Indagación, amistad, movimiento

*Desarrollo en todos los sentidos. Más que una oportunidad,
ahora veo que es una obligación para los periodistas.
Es una llamada de aventura, comunicación y cohesión social.*

Dídac Sangil Muntet

Camino, aprendizaje, regalo

Tahina-Can fue una experiencia mágica y única en la vida que me permitió romper muchos prejuicios, explorar nuevas miradas y culturas, conocer lo que nos diferencia y lo que nos une. Recuerdos que guardaré toda la vida. Fue un regalo de la vida y un privilegio poder formar parte de esta aventura.

Laura Gómez Alcalà

Viaje de descubrimiento

Una experiencia que me ha cambiado la concepción del periodismo de viajes y que, sin duda, nunca olvidaré.

Claudia Ceron Vega

Educación, entusiasmo, felicidad

Es la mejor formación no formal que podía tener. Descubres un país junto a otros estudiantes con los que llegas a compartir más de lo que imaginabas. Tahina-Can te lleva a rincones a los que no llegarías por tu cuenta. Te da acceso a un horizonte de conocimiento al que nunca creí llegar, c on una visión periodística y alejada del turismo masivo y convencional. Y, sobre todo, te ayuda a conocer un poco más el mundo en el que vivimos. ¡Es maravilla!

Lucía Pérez Sanagustín

Oportunidad, esperanza, compañerismo

*Para mí Tahina-Can ha sido una ventana al mundo real
y la belleza que este posee. Descubrir nuevos lugares,
nuevas culturas y distintas visiones de ver la vida me parece
algo mágico. Tahina-Can no es solamente un proyecto,
es una familia.*

Alexandra Gil Carmona

Motivador, enriquecedor, sorprendente

*Tahina-Can ha sido la experiencia que me ha hecho conocer
culturas y personas que jamás hubiera ni soñado con conocer.
Ha sido un viaje para conocer gente maravillosa de mi entorno
que no conocía... Pero especialmente, ha sido una vivencia
que me ha marcado personal y profesionalmente.*

Emma Skantz

Pasión, diversión e insomnio

*Tahina-Can me hizo sentir que no era el único estudiante
de Periodismo que realmente sentía pasión por la profesión,
y me da esperanzas de que podremos reinventar el mundo
con nuestro trabajo. Cuando veo a mis amigos progresar,
no me cabe duda de que somos el futuro.*

Yago Martín Martínez

Descubrimiento, amistad y necesario

Tahina-Can ha sido un viaje inagotable de nuevos aprendizajes que, en solo diez días, ha conseguido que me redescubriera a mí mismo y a mis compañeros de ruta de una forma muy intensa. Lo único malo es que me enteré de su existencia demasiado tarde.

Javier Lombardero Hermoso

Exploración, aprendizaje y descubrimiento

Una nueva manera de ver el mundo, de abrir los ojos y de conocer tanto otras realidades como a mí mismo. Tahina-Can me regaló una experiencia única y un aprendizaje imposible de transmitir en el aula.

Jan Gómez Grifell

Puente, historias y unión

Tahina-Can es un proyecto de unión entre personas de diferentes lugares, distintas perspectivas y variados perfiles profesionales con un objetivo común: conocer un país con todos los sentidos despiertos y con la mente abierta para después contarlo con respeto y humildad.

Júlia Álvarez Ruiz

Pasión, gratitud y compañerismo

*Para mí Tahina-Can significa descubrir
nuevas realidades y enriquecerte como persona.*

Aleix Planella Català

Crecer, aprender y vivir

*Tahina-Can es una oportunidad para crecer y para aprender.
Una experiencia para conocer y conectar con nuevas culturas y
realidades. Una vivencia para ampliar horizontes tanto
personales como profesionales. Tahina-Can transforma
perspectivas y cambia vidas.*

Paula Pascual Navarro

Inolvidable, incomparable e indescriptible

*Tahina-Can ha sido una vivencia que me
ha cambiado para siempre, experiencias inolvidables
que, sin duda y sin quererlo, imprimiré en mi carrera
profesional.*

Iván Lartategui Moreno

Aventura, mágico y fascinante

Tahina-Can es un proyecto increíble. Son unos días muy intensos llenos de aprendizajes, de aventura, de salir de tu zona de confort y, sobre todo, de conocer a personas y lugares de una manera distinta. Me ha ayudado a abrir los ojos y conocer realidades que antes no me había planteado. Ha acabado convirtiéndose como en una droga: una vez que viajas a una parte del mundo de su mano, no quieres parar.

Noa Ruiz Vega

Inolvidable, único e increíble

Gran experiencia de aventura y aprendizaje, me ha permitido conocer personas maravillosas y, sobre todo, lugares increíbles que no habría sido posible conocer por mi cuenta.

Judith Monter Salicru

Complicidad, bonhomía y serendipia

Toda la vida son viajes y los viajes vida son. Tahina-Can es vida. Es la oportunidad de enseñar y de aprender. Es una aventura imprescindible que me llena de felicidad, emoción y admiración. Es vínculo y familia, es respeto y es amor.

Lucía Cornejo Villanueva

Mágico, enriquecedor e inolvidable

Fue descubrir una nueva forma de viajar.
Conocer la cultura, la historia y la realidad del país
más allá de lo que aprenderías en un viaje convencional.
Una experiencia muy enriquecedora a todos los niveles.

Carol Gramunt

Enriquecedor, transformador y revelador

Para mí, Tahina-Can fue una experiencia transformadora
que me permitió viajar de una manera profunda y diferente,
lejos del turismo convencional. Fue una oportunidad para
explorar, descubrir y comprender otras culturas,
abriendo mis ojos a nuevas formas de vida y tradiciones.
Me enseñó a mirar el mundo desde otra perspectiva,
con empatía y curiosidad, conectando con la esencia
de cada lugar y su gente.

Dana Alonso Rodríguez

Videoteca tahina

A continuación, se presenta una selección de vídeos de las diferentes ediciones del proyecto. Se recomienda consultar la página web principal de la Expedición Tahina-Can para encontrar más material audiovisual.

2004, México. Viaje al mundo maya

2005, Ecuador. Rumbo al Ecuador:
de Quito al Amazonas

2006, República Dominicana:
Por la tierra de los taínos –
La puerta al nuevo mundo

2007, Cuba: Una isla
en su encrucijada

2008, Perú: Rumbo al Mundo Inca –
Cooperación en los Andes

2009, Ecuador: De la mitad del
mundo al corazón del Amazonas

2012, Marruecos: Viaje al reino del lejano Poniente

2013-2014, Tailandia: Aventura en el Reino del Siam

2015, Uzbekistán: A Samarcanda por la Ruta de la Seda

2016, República Dominicana: La aventura de la educación, «Dibujando sonrisas en el mar Caribe»

2018, Yucatán: Tesoros del mundo maya

2021, Egipto: Tras los pasos de Heródoto

2024, Uganda: La fuerza de
la naturaleza

«Es tan sencillo.
Somos pasajeros»

Pablo Neruda

Esta
PRIMERA
EDICIÓN DE *Tahina-
Can: 20 años de aventura
periodística* DE TEJEDOR &
PÉREZ-TORNERO, HA SIDO
IMPRESA CON PAPEL AHUESADO,
DE 80 GRAMOS. SE HA UTILIZADO
LA TIPOGRAFÍA GARAMOND PRO.
Y SE TERMINÓ DE IMPRIMIR EN
REPROGRÁFICAS MALPE, EN
EL MES DE MARZO DEL
AÑO 2025.